KB123574

인천 전통시장의
성장과 쇠퇴

인천학연구총서 32

인천 전통시장의 성장과 쇠퇴

윤현위·박은선·정원욱·양승희

보고사

머리말

　산업화시기에 이촌향도한 지금의 50~60대의 자식세대들은 도시에서 태어나고 도시에서 줄곧 성장한 사람들이 많다. 이들 중에서 시골 5일장의 기억이나 추억을 갖고 있는 이들은 드물다. 필자도 시장 자체의 애정이나 추억에서 이 책을 쓰고자 마음먹은 것은 사실 아니었다. 필자는 공간과 그 변화를 주제로 삼는 지리학을 전공하면서 동인천을 필두로 구도심에 많은 관심을 갖고 있었다. 실제로 석사학위 졸업 논문의 주제로 삼기도 했다. 학위과정이 지나고 나서 인천시사편찬위원회에서 발간한『인천의 길과 시장』이라는 책을 우연히 접하게 되었다. 현재는 운영되지 않거나 사라진 시장까지 모두 정리한 이 책을 읽으면서 구도심의 쇠퇴라는 큰 틀에서 시장의 변화도 그 궤적을 같이 한다는 사실을 비로소 알게 되었다.

　사람들이 모이고 물자와 정보가 교류되는 지역의 중심적 역할을 수행하는 시장은 그 지역의 활력도를 가늠할 수 있는 지표이다. 구도심과 부평의 오래된 지역들은 새롭게 개발되고 있는 지역들에 밀려서 사람들의 큰 관심을 받지 못하고 있고 실제로 인구가 감소하는 등 어려움을 겪고 있다. 구도심을 포함한 인천의 오래된 동네에 있는 시장들은 모두 이러한 모습들이 반영되어 있다. 현재 전통시장을 살리기 위한 다양한 정책들과 프로그램들이 진행되고 있다. 시장에 대한 개별적인 접근 이외에도

지역적 차원에서 시장을 바라보는 시각이 필요하다고 생각했다. 우리가
이 책을 시작한 가장 큰 이유이다.

이 책은 인천의 길과 시장에서 축적된 정보를 바탕으로 시장의 현재
모습을 구도심 쇠퇴라는 큰 틀 안에서 조망하고 한편으로는 시장 안에서
생활하는 상인과 활동가들의 목소리를 최대한 담아보고자 노력하였다.
전통시장의 문제는 단순히 시장자체의 판매방식과 시설문제만으로 보기
는 부족한 면이 있다. 지역적 차원과 시장 자체의 문제를 모두 봐야 한다.
따라서 이 책은 두 가지 접근을 모두 담기 위한 구성으로 시도하였다.

제1장은 서론부분으로 인천의 전통시장을 연구하게 된 동기, 그동안
다양한 분야에서 진행된 전통시장에 관한 연구들을 정리하여 서술하였
다. 제2장에서는 삼국시대, 고려시대, 조선시대의 기록들에 나타난 장시
에 관한 내용들을 간략하게 정리하였고, 개항기와 일제강점기의 시장의
형성부분도 함께 언급하였다. 인천 시장의 역사는 개항 이후에 형성되었
던 초기의 시장들을 중심으로 기술하였다. 3장에서는 시장의 쇠퇴원인
을 구도심의 쇠퇴, 마트의 성장, 전통시장의 시설문제 등을 중심으로 파
악하였다. 4장에서는 중구, 동구, 남구에 있는 쇠퇴하고 있는 시장의 이
야기를 담았다. 직접 시장을 방문한 기록들을 사진과 상인들의 목소리를
중심으로 구성하였다. 5장에서는 전통시장을 활성화시키기 위한 정책들
을 살펴보고 현재 활발한 모습을 보이고 있는 시장의 모습과 재활성화
하기 위한 노력을 하고 있는 전통시장을 만나보았다. 6장에서는 필자들
이 인천의 여러 시장들을 둘러보고 느낀 점들을 정리해 시장이 좀 더
좋아질 수 있는 내용들을 제안하는 것으로 책을 마무리하였다.

다소 부족한 내용이지만 이 책의 내용이 전통시장의 활성화와 도시재
생사업 그리고 인천을 조금이나 이해하는데 도움이 되었으면 하는 마음

이 간절하다. 추후에도 다양한 소재로 인천에 관한 지역연구가 활발하게
진행되기를 기원한다. 책이 나오기까지 여러 분들의 도움이 있었다. 모
두 다 언급할 수 없겠지만 사랑하는 나의 아버지 인천의 윤기봉님과 어머
니 모운순님, 공동저자 박은선의 아버님이신 순천의 박성구 목사님과
어머님 이정숙님께 깊은 감사의 마음으로 이 책을 바친다.

2015년 1월 20일
윤현위

차 례

제1장

들어가며

1. 왜 전통시장인가?

전통시장은 불과 20여 년 전까지만 해도 소비자의 사회 경제적 지위를 막론하고 사람들이 갖가지 물건을 사고파는 가장 보편적인 상거래 장소였다. 전통시장은 단순히 물품을 구매하는 장소의 차원을 넘어 사람들이 왕래하고 교류하는 장으로서 오랫동안 지역 공동체의 기반이 되었으며, 도시 성장의 기점이 되었다. 여전히 선거철만 되면 입후보자들은 전통시장을 가장 먼저 찾아 유세활동을 벌인다. 대중들을 가장 손쉽게 만날 수 있는 장소이고, 정치인들에게 있어서 시장의 민심은 곧 지역공동체의 민심과 직결된다는 믿음이 여전히 남아있기 때문일 것이다. 그러나 근간의 유통환경의 다변화속에서 이 대중적이고 보편적인 시장은 이제 '전통시장', '재래시장' 등과 같이 용어상의 변화를 겪으며 백화점이나 대형마트와 같은 현대적인 업태의 시장과 구분하여 지칭되기에 이르렀다.

1994년 WTO체제의 등장과 그에 따른 유통산업발전법의 개정은 국내 유통체계 전반에 걸쳐 많은 변화를 야기하였으며, 1997년 IMF 외환위기는 국민들의 소비패턴을 양극화 시키는 결과를 낳았다. 이와 맞물려 끊

임없는 도시지역의 팽창과 도시공간구조의 변화는 전통시장의 입지를 더욱 위협하고 있다. 한 때 모두의 시장이었던 전통시장은 이제 낡은 점포와 이를 지키는 소상인이 외로이 남겨진 채 새로운 시장질서에 변화를 요구 받고 있다.

최근 언론지상에서는 대형할인점의 입점 또는 기업형 슈퍼마켓(SSM)[1]의 출점을 전통시장의 쇠퇴 원인으로 쟁점화 시키고 있다. 대형할인점 또는 SSM의 입점에 맞서 전통시장의 상인들이 항의집회를 열거나 공권력과 충돌하는 모습은 일상적인 지역경제 관련 뉴스의 단골 기사가 되었다. 대기업의 거대 자본을 등에 업고 높은 가격 경쟁력과 현대화된 시설로 소비자들을 유인하는 이들 유통 업태는 기성시가지를 넘어 골목 상권으로까지 침투하고 있다는 점에서 분명히 전통시장의 쇠락을 불러온 측면이 있다고 보여 진다. 그러나 현재 전통시장이 직면하고 있는 일련의 위기들을 대형유통업체들의 출현만으로는 온전히 설명할 수는 없다. 이에 본 연구진은 연구 대상지역을 인천지역으로 한정하고, 보다 거시적인 맥락에서부터 인천 전통시장의 변화와 쇠퇴의 과정을 파악 할 필요성을 가지게 되었다. 즉, 도시 공간구조의 변화, 유통환경의 변화, 시장의 물리적 환경과 지역의 상권구조 등 전통시장을 둘러싼 대내외적인 여건 변화를 두루 관찰하고자 한다.

특히, 전통시장을 포함한 유통업계는 도시의 성장 맥락과 밀접한 연관이 있다. 문제는 상당수의 도시가 그렇듯 인천 내의 모든 지역들이 균형 있게 성장하지 않았다는 것이다. 인천은 개항기와 경인선 철도 부설을 거치면서 두 개의 생활권을 형성시켰다. 경인선 남쪽으로는 중구의 동인

---

1) 본 글에서는 대형유통기업이 출자한 대형마트와 슈퍼마켓을 각각 '대형할인점'과 '기업형 슈퍼마켓(약칭 : SSM, Super SuperMarket)으로 통칭하고자 한다.

천역 일대를 중심으로 시가지가 형성되었고, 경인선 북부지역은 부평역 일원을 중심으로 도시화가 진전되어 왔다. 여기에 1980년대 중반을 기점으로 인천은 새로운 개별 압력에 따른 대규모 택지개발이 실행되었다. 한적했던 관교동, 계양동, 옥련동 등에 개발의 바람이 불기 시작했다. 반면에 기성시가지들은 추가적인 개발이나 물리적 시설에 대한 보수가 이뤄지지 않은 채 서서히 쇠퇴하기 시작했다. 이는 작금의 쇠퇴한 전통시장들이 상당수 기성시가지 내에 위치하고 있다는 측면에서 놓치지 말아야 할 대목일 것이다.

한편, 지난 2006년 인천시역사편찬위원회에서 발간한 『인천의 길과 시장』은 그 내용의 풍부함은 물론이고 전통시장을 도시의 가로망과 연관시켜 역사적·지리적 관점에서 기술했다는 의의를 지니고 있다. 『인천의 길과 시장』이 출간된 지 8년여의 시간이 흐른 지금, 본 연구는 그동안 시장들은 어떻게 변했을까? 라는 문제의식과 함께 인천 전통시장들이 현재 처한 상황은 어떠한지, 그 동안 시행된 시장의 활성화 정책들은 어떤 효과를 거두었으며, 어떠한 고민들을 안고 있는지에 관해 상인들의 목소리를 더 많이 담아내어 이를 정리하고자 하였다.

2. 전통시장의 범위

본 연구의 범위는 크게 공간적 범위와 시간적 범위로 나눌 수 있다. 우선 공간적 범위에서 인천은 8개의 구(區)와 2개의 군(郡)으로 구성되어 있다. 연구의 제목에 인천이 들어가기 때문에 인천 전체지역을 다루는 것이 원칙에 부합하다고 할 수 있으나, 본 연구에서는 군지역인 옹진

군과 강화군은 제외하였다. 옹진군은 연륙교로 연결된 영흥도가 있기는 하나 지역 전체가 도서지역으로 구성되어 있어 인천의 내륙과 동일선상에서 연구대상으로 설정하는 것은 무리라고 판단하였다. 도서지역이라는 특성과 백령도, 대청도, 연평도 등과 같이 내륙지역에서 멀리 떨어져 있는 지역들은 인천 내부의 상황과는 다소 차이가 있어 보인다. 이들은 도서지역연구의 차원에서 옹진군만 별도로 연구를 하는 것이 적절하다고 생각한다. 강화도는 내륙지역과 거의 인접해 있어 도서지역이라고 판단하기는 어렵지만 내륙에서와 같은 대규모 도시개발이나 택지개발이 거의 이루어지지 않아 시가화된 구역이 적고 농촌지역에 더 가까운 모습을 하고 있기 때문이다.

본 연구는 전통시장의 쇠퇴를 1990년대 등장한 대형유통점의 등장과 연계해서 바라보는 측면이 강한데, 현재 강화군에서는 대형유통자본에 의해서 대형마트나 SSM이 거의 운영되지 않고 있다. 강화군에서 운영되고 있는 전통시장의 변화 또한 전통시장 연구에서 다루어져야 할 사안이나 본 연구의 주제와는 다소 거리감이 있어 연구의 범위에서 제외하였다.

연구의 시간적 범위는 활용한 자료를 기준으로 범위를 설정하였다. 실제로 우리가 이용할 수 있는 자료들은 1960년대 초부터의 자료들이 대부분이다. 그러나 인천에 있는 시장들, 특히 중구와 동구에 있는 시장들은 이보다 더 역사가 길다. 오래된 시장들은 통계연보 이외에도 부분적으로 다루어진 연구들이 있다. 이런 자료를 참고한다면 대략 1930년대 초부터 2014년까지의 시장에 관련된 이야기를 다룰 수 있다.

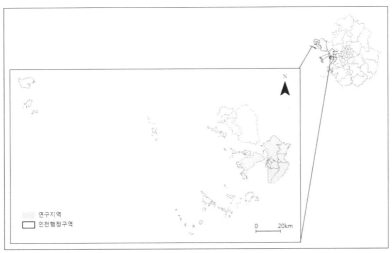

〈그림1-1〉 연구지역

3. 연구방법과 시장자료들

이 책은 크게 다섯 가지 부분으로 구성되어 있다. 첫째, 전통시장의
현황과 변화양상을 파악하고 이에 대한 공간적 분석을 시도하였다. 먼저
전통시장은 몇 가지 법령에 의해서 규정되고 유형이 구분되는데, 법령의
제정 이후의 몇 차례 개정을 거쳐 의미와 규제내용이 일부 수정되었다.
전통시장의 현황 파악과 함께 전통시장과 관련된 제도변화에 대한 내용
을 다루었다. 또한 전통시장의 위치, 면적 등의 자료를 활용하여 데이터
베이스를 구축하여 시계열적으로 그 변화양상에 파악을 시도하였다. 이
중에서 인천의 대표적인 시장으로 꼽을 수 있는 신포시장, 중앙시장, 부
평시장 등을 사례로 하여 이들 시장이 활성화됐을 당시의 상황을 담고자
했다.

둘째, 전통시장의 쇠퇴와 관련된 부분이다. 이 부분은 크게 두 부분으로 나누어 진행하였다. 우선 전통시장이 전체 유통업에서 차지하는 비중의 변화를 살펴보고 인천의 재래시장의 매출액추이에 대한 파악을 시도하였다. 전반적으로 쇠퇴 일로에 있는 전통시장을 시장자체의 쇠퇴와 더불어 시장이 입지하고 있는 지역의 여건 변화와 함께 파악하였다. 이를 위해서 인천의 중구·동구·남구를 중심으로 구도심이 쇠퇴하는 과정을 먼저 살펴보고, 1990년도부터 남동구, 연수구가 개발되는 과정을 내용에 포함하였다.

셋째, 전통시장의 쇠퇴를 설명하기 위한 방안으로 전통시장과 대형할인점의 입지여건을 비교하였다. 이를 위해 전통시장과 대형할인점 주변의 교통, 주택유형, 인구특성과의 접근성 등을 비교하여 전통시장의 쇠퇴원인을 좀 더 세부적으로 파악하고자 했다.

넷째, 전통시장이 직면해 있는 상황을 자세하게 이해하기 위해 시장상인들의 목소리를 직접 들어야한다고 판단했다. 이를 위해 가능한 많은 시장을 직접 방문하여 시장상인들과 상인연합회 임원들과 인터뷰를 실시하였다. 이를 통해 문헌자료에 나와 있지 않은 시장의 성장과 향후 활성화방안에 대한 이야기를 청취하였다.

시장의 현황과 변화양상을 파악하기 위해서 본 연구에서는 전통시장을 포함한 유통시설과 관련된 통계자료를 활용하였다. 전통시장의 분포를 시계열적으로 확인하기 위해서 인천시에서 발간하는 인천통계연감 내의 유통부분자료를 1960년부터 현재까지의 자료를 활용하였다. 전통시장의 전반적인 현황과 성장세를 파악하기 위해서 중소기업청과 시장경영진흥원에서 발간하는 각 연도별 유통연감과 전통시장 및 점표경영실태조사보고서를 활용하였다. 이 밖에서 인천을 포함한 기존 전통시장 활성화를 위해서 진행된 연구기관들의 연구보고서와 활성화를 위한 지방정부의 계획과 각 시장별 사업계획서를 참조하여 전통시장이 갖고 있는 미래비전에 관한 구체적인 내용들을 파악하였다.

4. 시장에 관한 학술연구

1) 전통시장의 기원과 형성에 관한 연구

지진호·임화순(2001)은 우리나라의 재래시장을 시대별로 구분 정리하고, 전통적으로 우리나라의 5일장이나 재래시장은 농업의 상업화와 농산물의 생산증대, 상인의 기업가 정신 함양, 지역의 상권 통합 등에 기여해 왔다고 평가하였다. 이와 함께 산업화 이전인 1970년대 초까지만 해도 각 지역의 문화·예술 공간으로서 활용된 측면이 많았으나 도시화·산업화의 급속한 진행으로 그 기능이 축소되었음을 지적하였다.

한편, 인천광역시 역사문화연구실(2006)은 『인천의 길과 시장』에서 인천 지역의 가로망의 발달과 전통시장의 형성과 변화를 연계하여 기술하였다. 이를 위해 인천 지역을 크게 원인천, 부평, 강화 지역으로 구분하여 63개의 재래시장을 대상으로 그 기원을 추적하고 현재의 모습을 기술하였으며, 인천의 길과 시장이 갖는 역사적·지리적 의미를 고찰하는데 중점을 두었다.

2) 전통시장 활성화 방안에 관한 연구

먼저 전통시장 활성화 방안을 도출하기 위한 준거틀을 제시하고 활성화 방안의 유형화를 시도한 신창호·문경일(2003)의 연구를 꼽을 수 있다. 서울 4개의 주요 전통시장을 사례로 여건변화와 현황 파악, 재래시장 활성화 사례를 분석하였으며, 활성화를 위한 준거틀을 설정하고, 재래시장의 유형에 따른 활성화 모형을 구축하고, 각 모형에 따른 단계별 프로그램을 제시하였다.

또한 인천발전연구원(1999)은『인천광역시 재래시장의 경쟁력 강화를 위한 기본구상』에서 서울 동대문 지역의 재래시장 활성화 사례를 검토하고 인천지역 재래시장의 현황과 문제점을 살펴보았다. 활성화 방안으로는 대체로 물리적 개선책을 중심으로 제시하였으며, 유통단계의 개선이나 공동구매의 활성화 등과 같은 운영 및 마케팅 측면에서의 방안이 검토되었다.

김재형(2002)은 신포 재래시장의 활성화 방안으로 기존 시장들의 단편적인 건축행위를 통한 재개발 방식과 달리 지역의 특수성과 연계한 개발 방안을 모색하였다. 특히 주상복합식의 전면재개발을 지양하고 기존 시장의 골격을 유지한 채 보수할 것을 제안하였는데, 기존 상권의 보호와 상인의 생업 보장, 도시의 문화적 정체성을 강조한 측면이 주목된다.

대형할인점의 출점과 관련한 전통시장의 활성화를 구상한 연구로는 박성용 외(2001)의 연구가 있다. 본 연구에서는 대형할인점의 진입에 따른 전통시장에 미치는 영향을 고찰하기 위해 특히 소비자의 관점에서 상품구매 특성의 변화를 주목한 것이 눈에 띤다. 특히 소비자들이 대형할인점의 출점으로 인해 느끼는 혜택을 분석하고, 전통시장 활성화를 위해 대형할인점의 진입을 제도적으로 규제하기 보다는 소비자의 구매 행태에 맞추어 전통시장의 변화를 독려하는데 초점을 맞추었다. 한편, 이문형(2011)은 '장소만들기' 관점에서 재래시장의 활성화 방향을 고찰하였는데, 신포 재래시장의 경우 개항장, 조계지 등의 역사적 상징성이 높은 장소와 연계시켜 관광자원으로서의 가능성을 모색하였다.

인천발전연구원(1999)은 『인천광역시 재래시장의 경쟁력 강화를 위한 기본구상』에서 서울 동대문 지역의 재래시장 활성화 사례를 검토하고 인천지역 재래시장의 현황과 문제점을 살펴보았다. 활성화 방안으로는 대체로 물리적 개선책을 중심으로 제시하였으며, 유통단계의 개선이나 공동구매의 활성화 등과 같은 운영 및 마케팅 측면에서의 방안이 검토되었다.

김재형(2002)은 신포 재래시장의 활성화 방안으로 기존 시장들의 단편적인 건축행위를 통한 재개발 방식과 달리 지역의 특수성과 연계한 개발 방안을 모색하였다. 특히 주상복합식의 전면재개발의 지양하고 기존 시장의 골격을 유지한 채 보수할 것을 제안하였는데, 기존 상권의 보호와 상인의 생업 보장, 도시의 문화적 정체성을 강조한 측면이 주목된다.

대형할인점의 출점과 관련한 전통시장의 활성화를 구상한 연구로는 박성용 외(2001)의 연구가 있다. 본 연구에서는 대형할인점의 진입에 따른 전통시장에 미치는 영향을 고찰하기 위해 특히 소비자의 관점에서 상품구매 특성의 변화를 주목한 것이 눈에 띤다. 특히 소비자들이 대형할인점의 출점으로 인해 느끼는 혜택을 분석하고, 전통시장 활성화를 위해 대형할인점의 진입을 제도적으로 규제하기 보다는 소비자의 구매 행태에 맞추어 전통시장의 변화를 독려하는데 초점을 맞추었다. 한편, 이문형(2011)은 '장소만들기' 관점에서 재래시장의 활성화 방향을 고찰하였는데, 신포 재래시장의 경우 개항장, 조계지 등의 역사적 상징성이 높은 장소와 연계시켜 관광자원으로서의 가능성을 모색하였다.

〈표1-1〉 전통시장 활성화에 관한 주요 연구

연구자	주요 연구내용
홍인옥 (2002)	재래시장이 안고 있는 문제점을 경제적인 측면과 물리적인 측면으로 구분하여 파악, 재래시장 활성화 방안을 도출함. 특히 서울의 우림시장을 사례로 하여 리모델링을 통한 재래시장의 활성 방안 제시
변명식 (2001)	재래시장의 서비스 부족, 불량 품질, 주차장 부족, 거래관행의 전근대성 등의 문제점 제시
이민우 (2005)	물리적 측면과 운영적 측면의 문제점 제시 후 활성화 방안 제시, 타겟 고객에 맞춘 마케팅 전략을 차별적으로 수립
허정옥 (2004)	환경요인과 경영 요인으로 구분하여 활성화방안 제시 재래시장의 시설 현대화 제시, 경영요인의 경영 현대화 향상
노승혁 (2006)	상품가치의 향상 및 브랜드 홍보 활성화만이 재래시장을 향상시킬 수 있음을 강조, 상인의 진취성이 경영성과와 시장 활성화를 이루는 핵심요소임을 강조
박성용 (2001)	소비자들이 제시한 전통시장의 불편한 점을 개선
성형석 (2007)	물리적 환경보다 유형적 가치 증대 노력을 통해 거래관계의 질 및 재방문 의도를 향상시키는 것이 더 중요함을 강조
성정연 (2009)	전통시장의 쇠퇴원인을 소비자 구매행태의 변화에 따른 경쟁력 저하, 환경변화에 대한 개별 상인의 대응능력부족, 시장차원의 대응전략 미숙으로 지적, 수유시장을 사례로 다양한 활성화 노력과 활성화 방안을 제시
김용욱 (2005)	강원도 폐광지역의 지역경제 활성화로 재래시장 활성화 전략 제시. 폐광지역 특수성을 살린 시장특화 전략 모색, 강원랜드 이용객을 유인하기 위한 공동마케팅 시행 필요 등 복합적인 폐광지역 재래시장 활성화 전략 제시
김진덕 (2000)	청주시 상권이 변화함에 따라 어려움을 겪고 있는 전통시장 활성화를 위해 전통시장 유형별, 시장상인, 개별점포와 시장단위, 자치단체 및 관련 법률의 재개정사항 등과 같은 정책 대안 제시
이종인 (2009)	재래시장과 대형마트 이용고객의 대상으로 실태조사를 하여 비교·분석함으로써 춘천 재래시장의 활성화 방안 제시함

　전통시장의 활성화에 관한 연구들은 일반적으로 상업·유통기능의 변화에 따른 위기를 대응하지 못한 측면과 시설의 노후화, 시장의 관리와 운영 그리고 마케팅의 부족 등의 문제점들을 분석하는 내용들이 주를 이루고 있다. 이러한 연구들은 전통시장의 활성화를 위해서 시장의 물리적 환경개선과 경영 현대화 도입의 필요성을 강조하고 있다. 시장의 물리적 측면에서는 고객의 편의성 확보, 차량접근성 제고, 주차장 확보, 시장정보시스템의 구축, 점포의 현대화에 관한 내용들과 운영적인 측면에서는 고객유치를 위한 서비스개선, 차별화된 마케팅 등의 내용들이 다루어지고 있다.

　전통시장의 변화에 중점을 두고 있는 본 연구는 기존의 연구와는 다소 다른 성격을 갖고 있다. 첫째, 연구스케일의 차별성이다. 기존의 연구들은 주로 개별시장을 다루었다는 점에서 본 연구는 인천의 전통시장 전체를 다루었다는 점에서 더 규모가 크다. 둘째, 전통시장의 변화양상을 지역적 차원에서 접근한다는 점이다. 개별 시장의 문제점과 활성화방안을 다루기보다는 지역 전체의 전통시장의 성장과 쇠퇴를 다룬다는 점에서 전통시장을 통해서 지역연구를 수행한다는 점에서 그 의의가 있다.

　서두에 언급한 것처럼 본 연구는 2004년도에 집필된『인천의 길과 시장』과 연속선상에 있다. 여기에 더해 쇠퇴한 시장을 중심으로 시장을 방문하여 시장상인들과 상인회의 목소리를 직접 담고 현재 전통시장 활성화정책과 대형할인점의 등장 및 지역의 변화를 고려했다는 점에서 선행연구의 업적을 계승하고 이를 바탕으로 그 내용의 향상을 시도하였다.

〈표1-2〉 선행연구와 본 연구의 개요

		전통시장의 기원과 형성에 관한 연구	
주요선행연구	1	연구목적	·연구명 : 한국 재래시장의 변천과 유통근대화에 관한 연구(이상옥) ·목적 : 재래시장의 기원과 시대별 변천과정을 파악
		연구방법	문헌연구
		연구내용	·재래시장의 기원과 그 구조 ·재래시장의 시대별 변천과정과 역할 기능 ·재래시장의 유통근대화에 따른 기능의 변화
	2	연구목적	·연구명 : 인천의 길과 시장(인천광역시 역사문화연구실) ·목적 : 인천의 길과 시장이 갖는 지리적·역사적 의미를 추적
		연구방법	문헌연구, 현지답사
		연구내용	·인천 지역의 가로망의 형성과 변화 양상을 기술 ·인천 내 63개의 전통시장의 기원과 현재의 모습을 기술
		전통시장의 쇠퇴 요인 및 활성화 방안에 관한 연구	
주요선행연구	1	연구목적	·연구명 : 인천광역시 재래시장의 경쟁력 강화를 위한 기본구상(인천발전연구원) ·목적 : 인천 전통시장 활성화를 위한 정책과제 도출
		연구방법	관련 법·제도 연구, 국내외 사례연구
		연구내용	·관련 법·제도 정리 및 인천 전통시장 현황 파악 ·국내외 전통시장의 활성화 사례 분석 및 시사점 도출 ·전통시장 활성화를 위한 정책과제 제시
	2	연구목적	·연구명 : 대형할인점 진입에 따른 재래시장에의 영향 및 재래시장 활성화 방안에 관한 연구(박성용 외) ·목적 : 소비자의 상품구매 행태 변화에 입각한 재래시장에의 영향 파악
		연구방법	설문조사, 통계분석
		연구내용	·소비자의 상품 구매 행태 분석 ·재래시장의 SWOT 분석
	3	연구목적	·연구명 : 대형마트 신설이 재래 상권 소비자 환경에 미치는 영향 연구(김휘준) ·목적 : 대형마트의 긍·부정적 영향 분석과 사회적 공생방안 모색
		연구방법	문헌연구, 표적집단면접(FGI : Focus Group Interview)
		연구내용	·대형마트 및 재래시장의 실태와 입지분석 ·대형마트 신설의 사회적 갈등관리 방안 모색
	4	연구목적	·연구명 : 재래시장의 문제점과 활성화 방안(홍인옥) ·목적 : 재래시장의 제반 문제점 인식과 활성화 방안 도출
		연구방법	문헌연구, 사례연구
		연구내용	·재래시장의 경제적, 물리적, 관리·운영 측면 지적 ·재래시장 활성화 방안 도출 ·활성화 사례 소개 : 우림시장

본연구		인천 전통시장의 성장과 쇠퇴
	연구목적	인천 전통시장들의 변화와 쇠퇴 양상을 파악하고 과제를 도출
	연구방법	문헌조사, 통계 및 공간분석, 현지답사 및 인터뷰
	연구내용	·인천 전통시장의 형성과 변화 ·인천 전통시장의 쇠퇴 요인 ·인천 전통시장과 대형할인점의 상권구조 ·인천 전통시장의 활성화 사례 연구

제2장

인천 전통시장의 기원과 형성

1. 시장의 기원과 형성

1) 시장의 간략한 역사

상거래 행위가 이루어지는 실질적인 장소를 지칭하는 '시장'이란 단어는 개항 이후부터 본격적으로 사용되기 시작되었다. 지금의 시장을 의미하는 용어는 주로 저자, 시, 장시 등의 용어가 더 많이 쓰인 것으로 알려져 있다. 시장의 역사는 어디까지 거슬러 올라갈까? 아마도 시장은 인간이 공동으로 거주한 시기부터 형성되었을 것이다. 시장에 관한 공식적인 기록은 삼한시대로 올라간다.

김성훈(2007)의 연구에 따르면 삼한에는 모두 78개의 읍이 있었는데, 이들 지역에는 각기 성격이 다른 촌락시, 경계시, 성읍시, 제전시가 존재했었던 것으로 전해진다. 그 이전에도 시장이 존재했을 것으로 예측할 수 있는 단서는 제전시인데, 제전시는 공동으로 제례를 행할 때 제단부근에서 형성됐던 임시시장을 의미한다. 이러한 제례는 고조선시기의 고대국가시기에서도 시행됐다는 점을 감안한다면 시장의 역사도 기록보다 더 오래됐음을 추측할 수 있겠다.

일례로 박은숙(2008)은 고조선의 8조금법의 예를 들면서 시장성립의 가능성을 제시하였다. 고조선의 8조금법 내용 중 "남에게 상해를 입힌 자는 곡물로 배상한다."라는 조항과 "남의 물건을 훔친 자는 50만전을 내야한다."라는 조항이 있다. 이 조항을 통해서 이미 당시 사회에서 상거래가 가능한 여건이 조성되었고, 따라서 고조선 내에서도 시장이 있었음을 추측할 수 있다. 국가 차원에서 개설된 시장이 등장한 것은 490년 신라의 소지왕 12년 때이다. 경주에는 경사시라는 상설시장이 들어섰고, 시전이라는 시장감독기관이 설치되기도 했다.

고려시대에는 당시 큰 도시였던 수도 개성, 평양, 경주에는 상설시장이 개설되었고, 목, 부, 군, 현, 진 등 513개의 지방행정구역에는 향시라는 정기시장이 열렸던 기록이 전해진다. 김성훈(2008)에 따르면 조선후기인 1770년 영조 46년에 조선에는 모두 1,064개의 장시가 있었던 것으로 전해진다. 고려시대 개성에 있던 상설시장을 시전이라 하였는데, 조선의 한양천도 후에 종로일대에 자리 잡은 시장도 시전이라는 명칭을 계속 사용하였다. 특히 시전상인 중에서 세력이 컸었던 상인들을 육의전이라고 하는데, 이들은 조정에 명주, 종이, 어물, 모시, 무명, 비단을 공급하여 상품의 독점 및 난전에 대한 금난전권 실시 등 큰 세력을 형성하기도 하였다.

한양에서는 시전상인 이외에도 남대문 일대의 칠패시장, 현재 종로5가 일대의 이현시장이 큰 세력을 이루었는데, 이들은 후에 현재의 남대문시장과 동대문시장의 출발점이 된다. 남대문 밖에 있던 칠패시장은 남대문 안에 있던 장시와 합쳐 현재에 이른 것이며 이현시장은 두산그룹의 창업자인 박승직이 설립한 광장시장을 거쳐서 현재 동대문시장의 근간을 이루게 된 것이다.

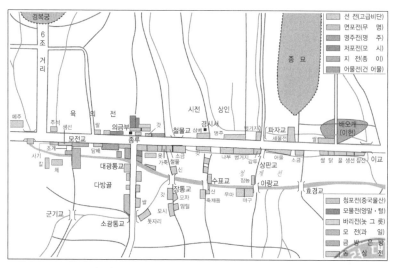

〈그림2-1〉 조선시대 시전구역도(출처 : 이경택, 2012.)

　　1876년 강화도조약을 통해서 부산이 원산과 개항되고 1883년 제물포 조약을 통해서 인천이 개항되면서 시장은 새로운 전기를 맞이한다. 이전까지 조선은 국가차원 이외에 외국과의 상거래를 금하는 정책을 구사하였다. 함경도의 북관개시나 현재의 울산과 부산 일대에 있었던 왜관개시 등 특별한 경우를 제외하고는 해안가나 변경지역에 큰 시장이 발달하는 경우가 드물었다. 그러나 개항 이후에 서해안과 남해안의 해안가에 항구도시가 발달하기 시작하면서 외국상인세력들이 들어와서 우리나라의 시장에 침투하기 시작하였고, 항구도시의 발전으로 인해서 기존에 큰 시장이 발달하지 않았던 도시들에도 시장이 형성되기 시작한다.

〈그림2-2〉 대한상공회의소 표지석

〈표2-1〉 일제강점기 시장 종류별 시장 수의 변동(1911~1938)

연도	제1호시장			제2호시장			제3호시장			제4호시장		
	공설	사설	계	공설	사설	계	공설	사설	계	공설	사설	계
1911	–	–	1084	–	–	1	–	–	–	–	–	–
1916	1088	87	1175	1	–	1	3	31	34	–	–	–
1921	1155	40	1195	6	1	7	3	34	37	6	–	6
1926	1247	6	1253	10	–	10	8	30	38	10	–	10
1930	1365	4	1369	16	–	16	8	30	38	10	–	10
1935	1436	4	1440	18	–	18	16	20	36	12	–	12
1938	1456	2	1458	28	–	28	22	14	36	12	–	12

주) 제1호시장 : 정기시장을 주축으로 하며 약령시장과 가축시장이 포함
　　제2호시장 : 도시 소비자 가계의 안정을 위해 시가지에 공공기관이 설립한 공설시장(일용품시장)
　　제3호시장 : 경매방법에 의한 수산물, 청과물 또는 신탄류(땔감)의 도매시장
　　제4호시장 : 곡물증권 및 현물거래소를 뜻함
출처 : 김성훈, 2007, 88p.

일제감정기 조선총독부는 1914년 9월에 총 33조로 구성된 시장규칙을 발표하였다. 토지조사의 목적과 동일하게 조선의 상업을 조직, 관리, 감독하기 위한 사전작업이었다. 조선총독부는 시장규칙을 통하여 기존에 있던 시장을 총 4개의 유형으로 구분하였다. 제1호 시장은 기존에 있었던 정기시장 2호시장은 20인 이상의 영업자에 의해서 형성된 공설시장, 3호시장은 위탁이나 경매가 이루어지는 시장으로 구분할 수 있다. 인천의 길과 시장에 따르면 일제는 2호시장과 3호시장을 합쳐서 신식시장으로 명명하였으며 1941년 2호시장의 수는 53개 3호시장은 34~38개 정도 유지되었고 광복 직후 남한에는 34개의 상설시장과 407개의 정기시장이 존재했던 것으로 나타났다.

2) 인천 전통시장의 기원과 형성

인천시장의 역사에 관한 논의는 주로 개항시기 이후부터 거슬러 올라간다. 공간적으로는 현재의 신포시장, 송현자유시장이 인천 시장의 출발점이라고 보면 된다. 인천에서 시장설립의 출발점은 1890년 홍성택이 설립한 어시장(어물전)이다. 홍성택이 설립한 어시장은 현재 신포동 41번지 자리에 있었으며 야채와 채소를 취급하던 시장(푸성귀전)은 신포동 7번지에 세워졌다. 기록에 의하면, 일본인이 만든 어시장의 설립연도가 1905년인데 이를 감안한다면 그 시기가 매우 빨랐다는 것을 알 수 있다.

1914년 조선총독부의 시장규칙에 의해서 어시장과 푸성귀전은 그 관리가 인천부로 이관되는데, 이를 통해 어시장은 1929년 제1공설시장, 푸성귀전은 1933년에 제2공설시장이 된다. 이때의 공설시장들은 소매보다 도매시장의 성격이 강했는데, 어시장의 기능은 후에 연안부두로 이전했고,

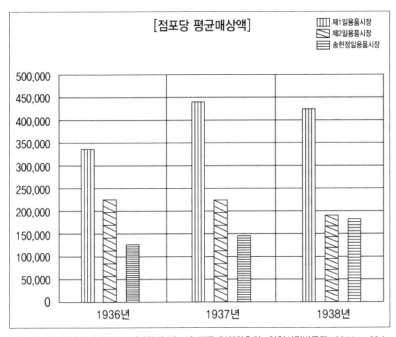

〈그림2-3〉 일제강점기 주요 시장들의 점포당 평균매상액(출처 : 인천시립박물관, 2014, p.29.)

푸성귀전은 후에 인현동과 채미전거리에 있던 청과물시장으로 이전하였다. 신포동을 중심으로 한 중구일대가 개항 이후에 주로 일본인과 청나라 사람들의 주거지였다면 당시 조선인들 거주지는 현재 동구의 배다리 주변이었다.

배다리 주변에는 조선인들이 설립한 우각리시장이 있었는데, 이를 견제하기 위한 목적으로 인천부는 1937년에 송현일용품시장 개설을 계획한다. 송현일용품시장은 현재의 송현자유시장(양키시장) 자리인데, 원래이 자리는 갯골로 바닷물이 들어오던 지역이었으나 1925년부터 매립공사가 시작되어 현재의 모습에 이른 것이다.

송현일용품시장은 해방 당시에는 시장이 아닌 빈 공터였는데, 이는 일제가 일제강점기 후반 태평양전쟁의 상황관 관련이 있다. 미국은 1945년 3월에 일본을 공략하기 위한 전략으로 도쿄에 소이탄을 이용한 공격을 시도한다. 소이탄은 시가지와 밀림을 태우기 위한 목적으로 개발된 포탄으로 목조건물이 많았던 일본을 대상으로 한 공격에 그 효과가 매우 컸다. 일본은 소이탄공격에 대한 대비책으로 소개공지와 소개공지대를 조성하는데 이는 소이탄으로 인해 발생한 화재의 확산을 방지하기 위해서 시가지 사이사이를 빈 공터로 만드는 것이다. 일정한 구역이 공터인 경우에는 소개공지라고 하고, 도로와 같은 형태를 보일 경우에는 소개공지대라고 한다(손정목, 2003).

일제는 소개공지와 소개공지대를 일본뿐만 아니라 조선의 대도시에도 설정했는데 이로 인해 많은 지역들의 건물들이 철거되었다. 서울의 경우 대표적인 소개공지대는 현재 종로3가의 세운상가 자리다. 세운상가도 일제의 소개공지대 조성에 따라서 철거된 대표적인 지역 중에 하나이다. 인천의 경우 만석동, 송현동 일대에 3곳이 지정되었다. 송현동 일대의 소개공지대 설정으로 인해서 송현일용품시장은 철거되었다.

해방 이후에 빈터로 남아 있는 송현동일용품시장의 재건과 많은 노점들이 시장을 중심으로 운집하기 시작하였다. 송현일용품시장의 재건은 제물포상인보존회가 주도하였고, 노점상들은 송현동 100번지에 사무실을 두고 소성자유시장자치조합을 출범시킨다. 이후 정식으로 시장이 출범되고 운영되는 과정에 많은 일들이 있었지만 이들은 현재 동구의 중앙시장, 송현자유시장의 출발점이 된다는 점은 분명하다.

2. 인천 전통시장의 변화와 현재

1) 전통시장의 구분

시장이란 일반적으로 중의적인 의미를 갖고 있다. 하나는 재화와 용역의 가격이 형성되는 추상적 의미의 시장이고 또 다른 하나는 구체적으로 재화와 용역의 거래가 이루어지는 구체적인 장소를 의미한다. 전통적으로 우리는 시장을 장(場) 또는 장시(場市)·시상(市上)으로 불러왔다. 이들 모두 주기적 혹은 지속적으로 교환과 거래가 이루어지던 제한적 장소로서 의미를 갖는다. 자급자족 성격의 원시경제를 넘어선 단계에서 형성된 주거지에서는 이러한 교환과 거래행위가 생활을 유지하는데 필수적이다. 도시를 한자로 '都市'라고 쓴다. 도시에서의 시(市)도 결국 시장을 의미하는 말인데 도시에 시장이 갖는 중요성과 밀접한 관련성을 보여준다고 할 수 있다.

시장은 재화와 용역의 거래가 이루어지는 구체적인 장소로 정의되지만 이 역시 다소 추상적인 성격을 갖고 있다. 시장은 자유시장경제의 특성이 극명하게 드러나기 때문에 각기 다른 지역의 여건에 따라서 그 규모와 성격이 상이하게 나타날 것이기 때문이다. 전통시장이라고 하면 자연발생적으로 형성되고 제도적으로 규정되지 않을 것이라고 생각하기 쉽다. 그러나 전통시장은 유통시설로 간주되어 관련된 법령에 의해서 규정되어 운용중이다.

먼저 전통시장의 정의를 살펴보자. 전통시장은 '유통산업발전법'에 의해서 상업기반 시설이 오래되고 낡아 개수 및 보수 혹은 정비가 필요한 장소를 의미하며 유통기능이 취약하여 경영개선 및 상거래의 현대화가 요구되는 시장으로 정의할 수 있다(시장경영진흥원, 2013). 기존에는 전통시장을 재래시장이라는 용어로 사용하였으나 2009년부터 중소기업청에서 전통시장으로 사용하면서 현재는 모두 전통시장으로 통칭되고 있다. 구체적으로 전통시장은 유통산업발전법 제8조 제2조에 의해서 '대규모점포'로 분류된다. 대규모점포는 (1) 하나 또는 둘 이상 연접되어 있는 건물에 하나 또는 여러 개로 나누어 설치되어 매장 (2) 상시 운영되는 매장 (3) 매장면적의 합계가 3,000㎡ 이상의 점포를 의미한다. 전통시장 중에서 이러한 요건을 갖춘 시장을 등록시장이라고 한다.

그러나 전통시장 중에는 유사한 역할을 수행하나 대규모 점포보다 그 규모가 더 작은 경우도 많다. 전통시장 중에서 등록시장보다 규모가 작은 시장을 인정시장이라고 한다. 인정시장은 시, 도지사, 자치구의 구청장이 인정한 곳으로 도·소매업과 용역에 종사하는 점포수가 50개 이상이거나 매장면적의 합이 1,000㎡ 이상의 조건을 충족해야한다. 또한 매장 수에 따라 전통시장을 구분하면 점포수의 수가 1,000개 이상인 시장은 대형시장, 500~1,000개 미만인 경우 중대형시장, 매장이 100~500 미만인 경우는 중형시장 100개 이하인 경우는 소형시장으로 구분 할 수 있다.

시장이 보유하고 있는 상권크기별로도 시장을 구분할 수 있다. 전통시장의 상권규모에 따라서 (1) 전국형 상권시장 (2) 광역형 상권시장 (3) 지역상권형 시장 (4) 근린생활형 시장 등으로 구분할 수 있으며 취급품목에 따라서 일반시장과 전문시장으로 나눌 수도 있다. 일반시장은 다양한 상품을 종합적으로 취급하며 특정 상품을 취급하는 비율이 50% 이상인 경우 전문시장으로 간주한다.

시장을 소유 주체에 따라 구분하면 법인시장·개인시장·공설시장·공동시장 등으로 구분된다. 법인시장은 민법과 상법에 의해서 특정법인에 의해서 운영되고 있는 시장이며, 개인시장은 개인이 시장에 대한 소유권

을 보유한 시장을 뜻한다. 공설시장은 지방자치단체가 직접 개설하였거
나 관리하고 있는 시장이며, 공동시장은 상인들이 공동으로 개설하였거
나 자연발생적으로 형성된 시장으로 정의할 수 있다.

〈표2-2〉 전통시장의 구분1

기준	시장명	정의
법령	등록시장	한 개 이상의 건물에 연접되어 여러 매장이 설치되어 있는 시장 점포면적의 합이 3,000㎡ 이상
	인정시장	도·소매업과 용역업 점포의 수가 50개 이상 매장 면적의 합이 1,000㎡ 이상
	대형시장	시장 내 영업 점포수가 1,000개 이상인 시장
매장 면적	중대형시장	시장 내 영업 점포수가 500개 이상, 1,000개 미만인 시장
	중형시장	시장 내 영업 점포수가 100개 이상, 500개 미만인 시장
	소형시장	시장 내 영업 점포수가 100개 미만인 시장
	법인시장	민법 또는 상법에 의한 법인이 소유, 관리하는 시장
소유	개인시장	개인이 시장을 소유하고 관리하는 시장
	공설시장	지방자치단체가 직접 개설하거나 관리하고 있는 시장
	공동시장	법인, 개인, 공설시장이 아닌 곳으로서 상인들이 공동으로 개설하였거나 자연발생적으로 형성된 시장
상권 규모	전국상권시장	전국을 대상으로 상권이 형성된 시장
	광역상권시장	1개 이상의 시·도를 대상으로 상권이 형성된 시장
	지역상권시장	시장이 소재한 시·군·구 대상으로 상권이 형성된 시장
	근린생활시장	읍·면·동 또는 그 일부를 대상으로 상권이 형성된 시장

<표2-3> 전통시장의 구분2

기준	시장명	정의
형태	건물형시장	대형 단일 건물 또는 건물이 몇 동이 연결되어 운영되는 시장
	노점형시장	노점상으로만 구성된 시장
	장옥형시장	일정한 건물이 존재하지 않더라도, 일정한 장소에 대한 소유권을 가지고 재화의 판매 또는 서비스의 제공이 이뤄지는 장옥으로만 구성된 시장
	상가주택 복합형시장	골목형 시장 등과 같이 1개 이상의 건물의 집합으로 이루어진 시장
개설 주기	상설시장	상시적으로 영업을 하는 시장
	정기시장	일정 주기로 개설되거나 영업을 하는 시장 또는 노점을 포함한 대부분의 점포가 일정 주기로 영업을 하는 곳
	상설+ 정기 시장	상설시장과 정기시장의 성격을 동시에 갖는 시장
취급 상품	일반시장	생활용품, 공산품, 농축수산물 등 다양한 상품을 종합적으로 취급하는 시장
	전문시장	동일상품 또는 유사 상품군을 취급하는 점포의 비중이 50% 이상인 시장
소재지	대도시	서울 및 6대 광역시에 위치한 시장
	중소도시	시 단위에 위치한 시장
	농어촌지역	군 단위에 위치한 시장

　시장경영진흥원에서 조사한 '2013 전통시장·상점가 및 점포경영 실태조사'에 따르면 우리나라의 총 시장 수는 1,502개로 조사되었다. 2008년 전통시장의 수는 1,550개에서 2013년 1,502개로 다소 줄어들고 있는 양상을 보인다. 등록시장은 764개(50.8%), 인정시장은 608개(40.5%), 기타시장은 130개(8.7%)이며, 그 중 인정시장은 2012년 546개(36.1%)로 전년 대비 4.4% 증가하였다. 시도별 시장수를 보면 서울이 210개로 14%의 비율을 차지하고 있으며, 서울을 포함한 인천, 경기 등 수도권 지역의 비율은 27.4%, 7대 특별시·광역시는 40.9%, 특별시와 광역시를 제외한 일반 도 지역은 59% 차지하고 있다(표2-3).

우리나라 전체 시장 등록률은 91.3%이며 광주광역시의 경우 100%의
등록률을 보이고 있다. 인천의 시장 등록률은 91.8%로 평균보다 다소
높은 등록률을 보인다. 서울의 경우 시장의 수는 가장 많은 반면에 등록
률은 가장 낮은 등록률을 보인다.

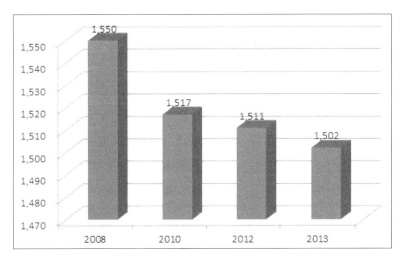

〈그림2-4〉 시기별 우리나라 전통시장 수의 변화

〈표2-4〉 전국 시도별 시장 수

(단위 : 개, %)

구분	서울	부산	대구	인천	광주	대전	울산	경기	강원
시장	210	161	106	53	23	29	38	151	73
비율	14	10	7.1	3.3	1.5	1.9	2.5	10	4.9
구분	충북	충남	전북	전남	경북	경남	제주	세종	합계
시장	64	66	65	115	160	163	25	4	1,506
비율	4.3	4.4	4.3	7.7	11	11	1.7	0.3	100.0

출처 : 시장경영진흥원 전통시장 실태조사. 2013.

〈표2-5〉 주요 광역도시 시장 수 및 시장등록률

(단위 : 개, %)

구분	2012년		2013년		
	시장수	시장등록률(A)[1]	시장수	시장등록률(B)	증감(B-A)[2]
전국	1,511	89.1	1,502	91.3	2.2
인천	51	90.2	49	91.8	1.6
서울	217	85.3	210	87.6	2.3
부산	154	93.5	161	95.0	1.5
대구	107	99.1	106	99.1	-
광주	21	100.0	23	100.0	0
대전	30	86.7	29	93.1	6.4
울산	40	95.0	38	94.7	-0.3

〈표2-6〉 연도별 전국 전통시장의 점포 수

(단위 : 개, %)

구분	계	자기소유점포	임차점포	빈점포	기타점포
2013년	210,433	52,612(25.0)	134,024(63.7)	19,599(9.3)	4,198(2.0)
2012년	204,237	47,978(23.5)	131,758(64.5)	18,520(9.1)	5,981(2.9)
2010년	201,358	45,234(22.5)	129,962(64.5)	21,811(10.8)	4,351(2.2)

출처 : 시장경영진흥원 전통시장 실태조사, 2013.

우리나라 전통시장의 평균 토지면적은 7,868.1㎡이며, 2012년 대비 매장면적은 3.3%, 건물면적은 1.6%로 증가하였다. 점포수는 2013년 기준 전국 전통시장 내 점포수는 210,433개이며, 이 중 영업 점포는 186,636개이다. 전통시장 공실률(빈 점포의 비중)은 9.3%로 다소 상승하였다.

1) 시장등록률 : [(등록시장+인정시장)/전체전통시장]x100
2) 2012년 대비 시장등록률 증감

2) 인천 전통시장의 변화

인천 전통시장의 형성과 관련한 공식적인 집계는 1960년대부터 기록되어 있다. 인천은 개항 이후에 본격적인 도시화를 겪은 까닭에 시장의 형성도 일제강점기에 들어서부터라고 추정된다. 시장과 관련된 여러 문헌에서도 초기에 개설된 시장들에 대해서는 정확한 기록이 존재하지 않는다. 시장에 대한 기록은 해당관청에 등록여부에 의해서 결정되기 때문에, 오래된 시장들의 경우 실제로 시장에서 상행위가 발생한 시기보다는 시장이 정식으로 관청에 등록된 시점을 시장의 형성시기로 간주한 경우도 많을 것이라 예상된다. 사실 정확한 기록이 의미가 없을지도 모른다. 시장이 만들어질 때부터 장사를 한 상인들과 이야기를 들어보면 실제 시장이 만들어져 이름이 생기기 전에도 이미 자판이나 노점 등을 통해서 시장의 역할을 수행했던 곳이 적지 않았던 것은 분명하다. 그래서 오랫동안 장사를 한 상인들에게 시장이 개설된 연도를 물으면 관청에서의 기록과는 다소간의 차이가 있다.

인천의 대표적인 신포국제시장의 경우에도 개설연도가 1970년으로 기록 되어있으나 이는 해당 관청에 등록된 시기를 기준으로 설정했을 가능성이 크다. 1955년도에 발간된 인천석금에서는 신포시장의 개설시기를 1951년으로 기록한다. 그러나 신포시장은 개항기 이후 어시장과 야채시장이 1911년에 들어섰고, 일제강점기에 들어와 공설 제1일용품수술과 공설 제2일용품시장을 거쳐 현재의 신포시장으로 발전되었음을 감안한다면 신포국제시장의 역사는 100년 이상으로 보는 것이 타당하다.

〈표2-7〉은 인천광역시청에 제공한 전통시장의 개설연도이다. 1960년대에 개설된 시장에는 주로 중구와 동구에 위치하는 인천의 오래된 시장들인 송현시장, 현대시장, 송도역전시장, 신흥시장, 학익시장, 용현시장,

송현자유시장, 제일시장이 눈에 띈다.

1970년대에 개설된 시장으로는 남구의 재흥시장, 숭의자유시장, 신기시장, 용남시장, 주안자유시장이 있다. 이는 1970년대에 주안1, 2동을 필두로 토지구획정리사업을 통해서 새로운 주거단지가 본격적으로 개발되었기 때문이다. 1980년대 들어서면서 부평과 남동구의 오래된 지역인 간석동, 만수동, 부평일대에 시장들이 개설된 것으로 나와 있다. 다소 정확도가 떨어진다고 해도 시장의 분포시기를 살펴보면 인천의 개발방향과 거의 일치하는 경향을 볼 수 있다. 같은 구에 있다고 해도 기존의 주거지역과 새롭게 개발된 지역과는 시장개설에 있어서 시간차가 존재한다.

서구는 청라신도시를 비롯하여 새롭게 개발되고 있는 지역들이 많이 있지만 석남동에 있는 거북시장과 신거북시장의 개설 시기는 1970년까지 거슬러 올라가야한다. 연수구는 옥련시장의 경우 1996년에도 개설되었지만 송도역전시장의 개설연도는 1960년으로 인천의 시장들 중에서 역사가 결코 짧지 않다. 송도역전시장은 연수구의 개발보다 훨씬 앞섰는데 이는 수인선 운행 당시 송도역이 수인선 철도역으로 활용된 결과로 이해할 수 있다.

한편, 인천통계연보에는 지금은 존재하지 않는 시장들의 이름들을 발견할 수 있다. 일례로 수문통시장이다. 수문통은 동인천역 뒤편, 즉 현재의 송현동 일대를 이르는 말이다. 갯골이었던 이 지역은 바닷물이 들어왔고, 1962년도에 갯골을 중심으로 시장이 형성되었는데 이것이 바로 수문통시장이고 갯골이 복개되어 현재 동인천역 뒤에 있는 중앙시장으로 편입되었다.

〈표2-7〉 시기별 전통시장의 설립연도

시기	시장명	계
1960년대	송현(1960) 현대(1960) 연수송도역전(1960) 신흥(1961) 학익(1962) 용현(1963) 송현자유(1965) 제일(1969)	8개
1970년대	주안자유(1970) 간석자유(1970) 화수(1970) 산곡(1970) 신거북(1970), 신포(1970) 숭의평화(1971) 제물포(1971) 동부(1971) 용일(1972) 중앙(1972) 통일종합(1974) 신기(1975) 용남(1975) 재흥(1975) 석바위(1979) 십정종합(1979) 진흥종합(1979)	18개
1980년대	부평자유(1980) 부평문화의거리(1980) 일신(1980) 공단(1981) 가좌(1981) 인천종합어시장(1981) 계산(1982) 부일종합(1982) 축산물(1982) 도화종합(1984) 구월(1984) 모래내(1984) 작전(1985) 만수(1985) 강남(1985) 남부종합(1987) 삼산(1987) 병방(1989) 정서진중앙(1989)	19개
1990년대	청천(1990) 갈산(1992) 창대(1995) 옥련(1996), 부개종합(1999)	5개
2000년대	토지금고(2001) 부평종합(2007) 부평깡(2007)	3개

지금은 시장통계자료에서 사라진 전통시장으로 1970년대의 수인시장도 있다. 1965년 인천통계연보에는 수인시장이 집계되어 있다. 곡물시장이었던 수인시장은 쇠퇴하였으나 현재까지도 곡물과 관련된 품목들을 취급하고 있다. 다만 전통시장 항목에서는 제외되었다. 1975년까지는 통계연보에 기록되어 있으나 1980년부터 전통시장부문에서 더 이상 찾아볼 수 없다. 용현동에 있던 용학시장의 경우 또한 1980년의 인천통계연보에 따르면 40개의 점포로 구성된 시장으로 기록되어 있으나, 현재 전통시장과 관련된 자료에는 언급되지 않고 있다.

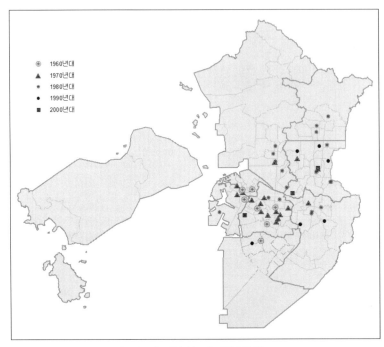

〈그림2-5〉개설 연도별 전통시장 분포

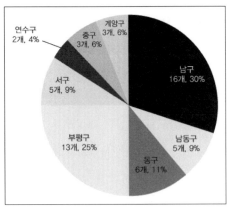

〈그림2-6〉구별 전통시장

　1980년대까지는 전통시장의 개설이 활발하게 이루어졌으나 1990년대에 접어들면서 그 수가 감소하는 경향을 보인다. 1970년대에는 18개의 전통시장이 개설되었고 1980년대에는 19개의 전통시장이 개설되었다. 그러나 1990년대에는 5개가 2000년 이후에는 단 3개의 시장만이 개설되었다. 2000년 이후에 개설된 시장들은 용현5동의 토지금고시장(2001), 부평종합시장(2007), 부평깡시장(2007) 등이 있다.

　인천의 전통시장은 모두 53개소로 우리나라 전체 전통시장 중에서 7.1%를 차지한다. 인천 구별 전통시장의 현황을 보면 남구에 17개로 가장 많은 수를 보이며, 부평구에는 11개, 서구, 동구, 남동구의 경우 6개의 전통시장이 있다. 중구와 계양구에는 3개의 전통시장이 있고, 연수구의 전통시장은 2개로 인천에서 가장 적은 전통시장을 보유 중이다.

〈그림2-7〉 인천시 자치구별 등록여부에 따른 전통시장

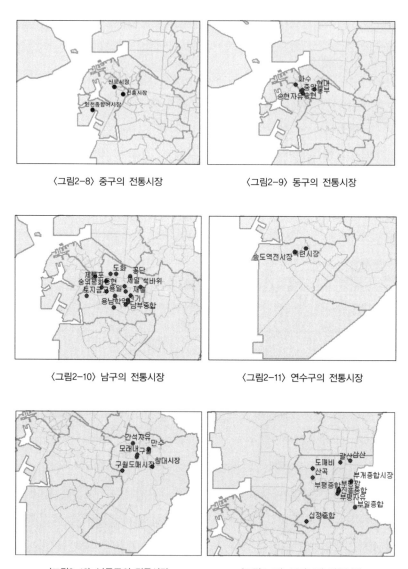

〈그림2-8〉 중구의 전통시장

〈그림2-9〉 동구의 전통시장

〈그림2-10〉 남구의 전통시장

〈그림2-11〉 연수구의 전통시장

〈그림2-12〉 남동구의 전통시장

〈그림2-13〉 부평구의 전통시장

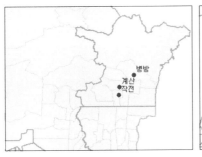

〈그림2-14〉 계양구의 전통시장

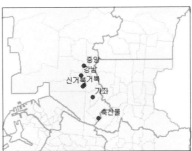

〈그림2-15〉 서구의 전통시장

〈그림2-8〉부터 〈그림2-15〉은 전통시장의 분포를 행정동별로 지도화한 것이다. 전통시장들은 각 자치구에서 역사가 오래된 동들에 입지하고 있다. 신포시장과 신흥시장은 개항 이후 중구가 인천에서 중심적인 역할을 수행했을 당시 번성했던 지역들인 신포동과 신흥동에 있고, 동인천역에 북쪽에 밀집해 있는 동구의 시장들 역시 구도심의 흔적들을 보여주고 있다. 남동구, 서구, 계양구, 연수구의 전통시장들은 지리적으로 서로 근접해 있다. 남동구의 시장들은 대부분 간석동과 만수동에 서구의 전통시장들은 석남동과 가좌동에 밀집하여 분포한다.

계양구와 연수구는 인구의 크기에 비해서 전통시장의 수가 매우 적다. 연수구에는 2개의 전통시장이 계양구에는 3개의 전통시장이 있다. 연수구의 옥련시장과 송도시장은 연수구가 개발되기 이전부터 주거지역이 형성되었던 지역이고, 계양구의 시장들이 모여 있는 계산동도 계양구 내에서 오래된 동네들에 속한다.

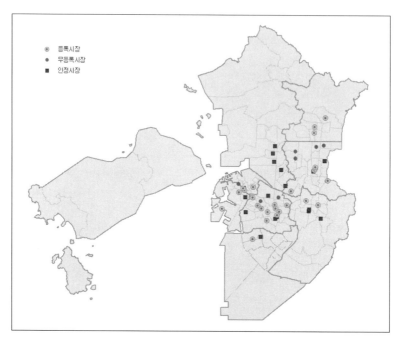

◎ 등록시장
● 무등록시장
■ 인정시장

〈그림2-16〉 인천시 행정동별 전통시장의 분포

일반적으로 밀집해 있는 다른 구들에 비해서 남구와 부평구는 전통시
장의 분포가 분산되어 있다. 남구는 주거기능이 우세한 숭의동, 용현동,
주안동, 도화동이 본격적으로 개발되었는데 이 시기에 생활권별로 전통
시장이 입지하고 있고, 부평구의 경우 부평의 중심이었던 부평로터리를
기점으로 여러 개의 시장들이 밀집해 있고, 산곡동, 갈산동, 십정동 등이
각각 시장이 입지해 있다.

이를 종합하면 〈그림2-16〉과 같다. 행정동별 전통시장의 위치를 확인
하면 전통시장이 갖고 있는 입지특성을 어느 정도 파악할 수 있다. 인천
과 남북쪽 끝부분에 해당되는 행정동들은 동 하나의 면적이 인천의 중앙
에 위치한 동들보다 훨씬 크다. 전통시장들은 면적이 넓은 행정동에 입

지하기 보다는 대부분 조밀하게 구성되어 있는 인천 중앙부에 위치한 행정동에 입지하고 있다. 면적이 넓은 행정동들은 청라동, 송도동, 논현동, 검단동과 같이 최근에 개발된 동들이며, 면적이 작은 행정동들은 주안동, 송림동, 용현동, 갈산동, 산곡동 등과 같이 개발된 지 오래된 지역들이다. 이와 같이 전통시장의 입지특성은 해당 지역들의 개발시기와 그 궤적을 같이 하는 경향이 강하다.

인천시 53개의 시장의 총 면적은 281,636㎡로, 서구의 시장이 총 77,039㎡, 부평구의 시장이 56,963㎡ 순으로 넓은 면적을 보유하고 있으며, 연수구가 8,436㎡로 가장 적다. 시장 평균면적을 보면, 서구가 15,407.8㎡로 가장 넓고 남구가 3,377.3㎡의 면적으로 가장 작다.

인천 시장의 총 점포수는 5,660개로 남구의 시장이 1,417개로 가장 많은 점포를 보유하고 있고 그 뒤로 부평구가 1,066개 순으로 높게 나타나며, 연수구의 시장 점포가 172개로 가장 적다. 점포의 평균면적을 살펴보면, 서구 시장의 점포가 138.8㎡로 가장 큰 면적을 차지하고, 계양구가 59.4㎡로 그 뒤를 잇고 있다. 한편 중구 내의 시장들은 20.6㎡의 가장 작은 점포 평균면적을 차지하고 있다.

등록시장과 인정시장으로 구분해서 인천 전통시장의 현황을 살펴보면, 28개의 등록시장, 17개의 인정시장, 8개의 무등록 시장으로 구분된다. 가장 많은 시장을 보유하고 있는 남구에서는 등록시장이 가장 많다. 남구에는 10개의 등록시장이 있고, 부평구에는 6개의 등록시장이 있다. 계양구의 시장은 모두 등록시장인 반면에 서구의 시장들은 모두 인정시장이다. 무등록시장의 경우 부평구에 5개, 남구에 2개, 동구에 1개의 무등록시장이 있다.

〈표2-8〉 인천시 자치구별 전통시장 규모

구	시장수	시장면적(㎡)	시장 평균면적(㎡)	점포수(개)	점포 평균면적(㎡)
계양구	3	18,762	6,254.0	316	59.4
남구	16	54,037	3,377.3	1,417	38.1
남동구	5	27,384	5,476.8	732	37.4
동구	6	22,349	3,724.8	611	36.6
부평구	13	56,963	4,381.8	1,068	53.3
서구	5	77,039	15,407.8	555	138.8
연수구	2	8,436	4,218.0	172	49.0
중구	3	16,216	5,405.3	789	20.6
합계	53	281,636	5,305.4	5,660	49.7

〈표2-9〉 법령에 따른 인천 전통시장 현황

(단위 : 개)

2013년	등록	인정	무등록	합계
전체	28	17	8	53
계양구	3	–	–	3
남구	10	4	2	16
남동구	2	3	–	5
동구	4	1	1	6
부평구	6	2	5	13
서구	–	5	–	5
연수구	1	1	–	2
중구	2	1	–	3

〈표2-10〉 규모에 따른 인천 전통시장 현황

(단위 : 개)

구분	중대형시장	중형시장	소형시장	전체
전체	1	20	32	53
계양구	-	2	1	3
남구	-	5	11	16
남동구	-	4	1	6
동구	-	2	4	6
부평구	-	2	11	13
서구	-	4	1	5
연수구	-	-	2	2
중구	1	1	1	3

전통시장 규모에 따른 구별 현황을 살펴보면 인천에는 점포가 1,000개 이상인 대형시장은 없고, 1개의 중대형시장, 20개의 중형시장, 32개의 소형시장이 있어 큰 규모의 전통시장보다는 소형시장과 중형시장 중심으로 구성되어 있다.

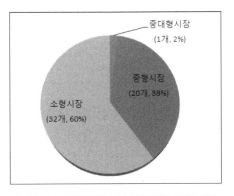

〈그림2-17〉 시장규모에 따른 인천 전통시장의 비중

이 중에서 소형시장의 비율이 60%로 가장 높은 것으로 나타났으며 주로 남구와 부평구에 분포한다. 부평구의 경우 시장의 수는 다른 구에 비하면 많은 편이나 2개를 제외하고는 모두 소형시장으로 구성되어 있고, 반면에 서구의 경우에는 인정시장으로만 구성되어 있으나 중형시장이 더 많은 것으로 나타났다.

<표2-11> 자치구별 전통시장 종사자수

(단위 : 명)

구분	총종사자수	점포상인수	종업원수	노점상인수
전체	8,346	4,364	3,005	908
계양구	482	337	90	55
남구	1,697	937	638	122
남동구	1,693	528	1,010	86
동구	766	593	45	128
부평구	1,158	625	237	296
서구	1,258	560	573	125
연수구	349	144	162	43
중구	943	640	250	53

인천 전통시장의 총 종사자 수는 8,346명이며 점포상인 수는 4,364명, 종업원 수는 3,005명, 노점상인수는 908명인 것으로 나타났다. 점포상인 수가 종업원 수가 더 많다는 점을 고려할 때, 대부분 점포의 규모가 3명 이하일 것으로 예상된다. 종사자수를 구별로 파악하면 남동구만이 점포상 인수가 528명인데 반해, 종업원 수가 1,010명으로 거의 2배가 가까워 종업 원이 비율이 가장 높은 것으로 나타났다. 서구와 연수구의 경우도 점포상인 수보다 종업원 수가 크게 나타나지만 그 차이는 크지 않다.

제3장

인천 전통시장의 여건 변화

1. 지역개발과 공간구조의 변화

1) 신도시개발에 따른 공간구조의 변화

근대도시 인천의 시작점은 개항장과 그 주변부, 지금의 중구청과 자유공원 주변이라고 할 수 있겠다. 일제강점기 이후 인천으로의 인구유입이 계속적으로 증가하면서 인천의 시가화 구역 역시 확장될 수밖에 없었다. 우리나라에 근대적인 도시계획기법이 도입된 것은 1934년 조선총독부에서 시행한 조선토지구획시행령이 시작되고부터이다. 토지구획사업을 통해서 인천의 시가지는 확장되었다. 인천은 6·25전쟁 이후로 경인로와 경인고속도로, 경인선철도 방향으로 개발되기 시작하였다. 인천의 오래된 동네들은 인천과 부평은 전후 서울과의 연결을 위한 경인로가 복구되면서 동시에 토지구획정리사업을 통해서 개발된 지역들이다. 1960~1970년대 들어서면서 인천에 많은 공단이 조성되면서 계속적으로 성장하는 모습을 보였는데, 이를 통해서 주안에서 부평으로 이어지는 주거단지가 조성되었다.

1980년대에 접어들면서 당시 인천의 중심지 역할을 수행하던 구도심

에 물리적 한계가 점차 드러나기 시작하였다. 인천은 1978년 인천도시장
기종합발전계획을 수립하면서 경인선철도와 경인고속도로를 중심으로
뻗어 나가던 발전축을 그간 대규모의 주거단지와 시가지 건설이 미흡했
던 현재의 연수구와 계양구 중심의 새로운 발전축을 구상하였다.

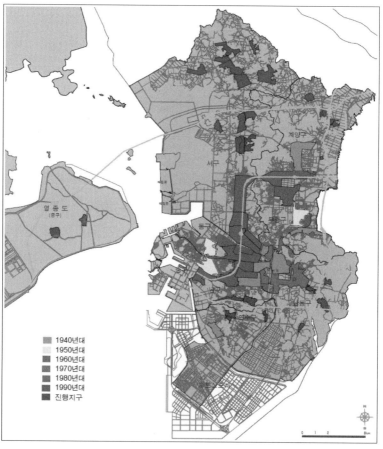

〈그림3-1〉 인천의 토지구획정리사업지구(출처 : 인천경제자유구역 홈페이지(www.ifez.go.kr)

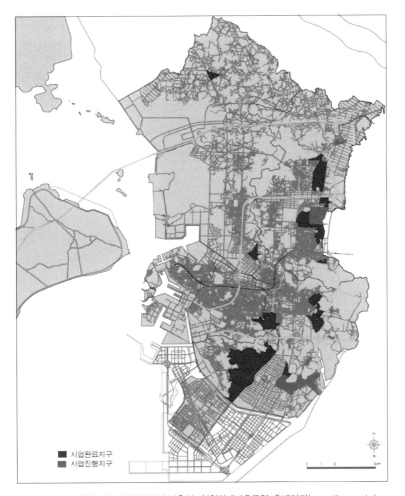

〈그림3-2〉 인천의 택지개발사업지구(출처 : 인천경제자유구역 홈페이지(www.ifez.go.kr)

이러한 배경 하에서 계속적으로 증가하는 인구를 수용하기 위해 현재
의 연수구, 남동구, 계양구가 개발되기 시작한다. 연수택지, 구월택지,
계양택지의 개발을 통해서 현재의 인천은 남북방향인 장방형 모향으로

뻗어나가는 도시의 형상을 보이게 된다. 1990년대까지 이러한 개발흐름
은 계속 이어졌으며 현재는 계양구 일부와 서구 일대에서 개발이 계속
진행되고 있어 인천의 시가화 방향은 당분간 북쪽으로 더욱 더 진행될
것이다.

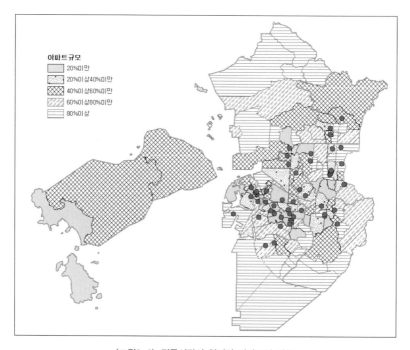

〈그림3-3〉 전통시장의 입지와 아파트의 비중

　2000년 이후에는 인천에도 경제자유구역이 등장하기 시작했다. 경제
자유구역은 국토의 국제경쟁력 강화를 통해 물류, 금융 등의 고부가가치
산업을 육성하여 우리나라를 동북아의 허브로 만들고자 하는 정책목표를
갖고 출범한 개발계획이다. 2002년에 관련법규가 제정되었고, 1차적으
로 인천, 부산, 광양이 지정되었다. 인천경제자유구역은 송도지구, 청라

지구, 영종지구로 구성되어 있다. 송도신도시는 1989년도에 시행된 수도권 1기 신도시개발 당시 주택 200만호 건설차원에서 매립된 지역이었으나 처음 계획했던 용도로 사용되지 않았고, 다소 방치된 인천의 주변지역으로 인식되었다. 청라는 원래 서구 앞바다에 있던 청라도에서 따온 이름이다. 동아건설이 1980년대부터 수도권 농지개발을 위해서 간척사업으로 조성한 토지여서 인천사람들은 동아매립지라고 불렀다. 영종지구는 공항배후지에 영종도 일대에 지정된 신도시로 개발되기 시작하였다.

이들 지역의 개발은 인천이 보유하고 있는 도시기능과 인구수용 능력을 확대시켰으나 반대로 이러한 개발로 인해서 구도심의 기능이 약화되는 기능을 초래하였다.

신도시개발의 결과를 가장 명확하게 확인할 수 있는 방법은 행정동별 아파트의 비율을 통해서 확인 할 수 있다. 신도시개발에서 벗어난 지역인 중구, 동구, 남구 일대는 아파트의 비율이 낮은 반면에 새로 개발된 지역들은 아파트의 비율이 높다. 특히 청라, 논현, 송도 등의 아파트 비율은 100%에 가깝다. 구도심 지역은 단독주택이 우세하거나 단독주택에서 재건축된 빌라의 비율이 대부분 높게 나타난다. 〈그림3-3〉을 통해서 전통시장들이 아파트의 비율이 낮은 곳, 주로 개발된 시기가 긴 오래된 동네에서 입지하고 있음을 확인할 수 있다.

2) 구도심의 쇠퇴와 공간구조의 변화

전통시장의 쇠퇴를 이야기 할 때 일반적으로 대형할인점의 등장에 따른 매출액의 감소라고 생각하기 쉽다. 물론 대형할인점의 가파른 성장세와 영향력 확장은 전통시장의 쇠퇴와 무관하지 않다. 그러나 대형할인마트의 성장이 이를 전부다 설명할 수는 없다. 좀 더 넓은 관점에서 보자면 시장이 쇠퇴한 것은 시장의 영향이 미치는 주변지역이 쇠퇴했기 때문이라고 보는 것이 좀 더 정확하다. 그렇다면 인천에서 쇠퇴하는 경향을 보이고 성장한 지역은 어디인가를 지역적 차원에서 조망하는 작업이 선행되어야 할 것이다. 인천에서 쇠퇴하고 있는 지역들은 인천역–동인천역 일대를 중심으로 하는 구도심이라고 불리는 지역이다. 본 절에서는 인천의 구도심의 지역이 쇠퇴하는 과정을 살펴보도록 하겠다.

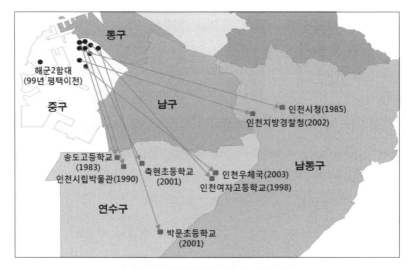

〈그림3-4〉 인천의 주요 기관 및 시설 이전

〈표3-1〉 인천의 주요 기관 이전 현황

구분	시설명	원래 위치	이전 후 위치	이전년도	이전 후 용도
1980년대 (1981~1990)	송도고교	중구 답동	연수구 옥련동	1983	남부교육지원청
	인천시청	중구 관동1	남동구 구월동	1985	인천 중구청
	인천시립박물관	중구 송학동1	연수구 옥련동	1990	제물포구락부
1990년대 (1991~2000)	수산고교	중구 북성동1	연수구 옥련동	1993	대한제분공장부지
	인천여고	중구 전동	연수구 연수동	1998	동인천동 주민센터
	해군 2함대 사령부	중구 북성동	경기도 평택시	1999	한국이민사박물관
2000년대 (2001~2010)	박문초교	중구 답동	연수구 동춘동	2001	인천카톨릭교구청사
	축현초교	중구 인현동	연수구 옥련동	2001	학생교육문화회관
	인천지방경찰청	중구 항동	남동구 구월동	2002	호텔하버파크
	인천우체국	중구 항동	연수구 연수동	2003	중동 우체국

인천 중구는 1980년대까지 인천의 중심지 기능을 수행했다. 이는 과거에 중구에 있었던 주요 기관들을 살펴봐도 알 수 있다. 중구에는 인천의 주요 관청들이 집중해서 입지해 있었는데, 1990년대 현재 시청이 위치한 남동구 일부와 연수구가 본격적으로 개발되기 시작하면서 기관들의 이전이 시작되었다. 기관 이전의 첫 시작은 인천시청이었다. 현재 인천 중구청 자리에 있었던 인천시청은 1985년에 현재의 위치인 구월동으로 이전하였다. 이밖에도 주변에 있던 인천우체국과 인천지방경찰청, 인천시립박물관이 연수구나 남동구로 이전하였다.

행정기관 이외에도 중구에 있었던 박문초등학교, 축현초등학교, 인천여고가 모두 연수구로 이전하였다. 행정기관의 이전은 구도심이 가지고 있는 중심성 자체를 떨어뜨렸고, 유동인구의 감소도 가져왔다. 학교들의 이전은 구도심에 거주하는 인구 자체가 감소한 결과가 일부 반영된 것이라고 할 수 있겠다. 학교 이전은 현재까지도 진행 중이고 논란이 되고 있는데, 도화동에 있는 박문여고는 연수구 송도동으로 이전하기로 최종 결정하고 2015년 3월에 이전하기 위해 신축교사를 건축 중에 있다. 인천의 대표적인 고등학교인 중구 전동의 제물포고등학교도 이전을 검토 중인 것으로 알려져 있다.

주요 시설물 이전과 더불어 1999년도에는 구도심의 쇠퇴에 영향을 준 두 가지 사건이 있었다. 하나는 인현동 화재사건이고 하나는 인천지하철 1호선의 개통이다. 1999년 인현동 호프집에서 화재가 발생했음에도 불구하고 이를 큰 화재로 인지하지 못하고 술값을 못 받을 것을 우려한 호프집의 사장이 가게 문을 잠그는 바람에 손님의 대부분이었던 다수의 청소년들이 사망했던 사건은 인현동 일대를 황량하게 만들었던 것으로 기억한다. 이 사고 이후 당시 주변지역은 물론 사고가 난 가게에도 한참동안 새로운 영업점이 입주하지 않았다. 또한 인천지하철 1호선의 개통은 인천의 부평역이 환승역이 되면서 그 영향력이 더욱 더 커지는 계기가 되었다. 남구 관교동에도 기존에 있던 터미널에 지하철이 지나고 주변에 상업시설이 본격적으로 입주하면서 그 영향력이 매우 커진 상태이다.

구도심의 쇠퇴는 중구와 동구의 인구감소에서도 그 추이를 확인할 수 있다. 1980년은 인천이 경기도 인천시에서 직할시로 승격되는 해다. 당시의 인구가 1,083,906명이며 중구의 인구는 84,252명, 동구의 인구는 162,487명이었다. 30년 후인 2010년 인구주택 총 조사에 따르면 중구의 인구는 55,090명이고, 동구의 인구는 절반이상이 감소한 73,455명이다. 이 두 지역은 2000년을 제외하고는 계속적으로 인구감소를 경험하고 있어 다른 구들이 전반적으로 인구가 증가하고 있는 경향과 대비되고 있다.

〈표3-2〉 1980~1985년 인천시 구별 인구

(단위 : 명)

구분	인천	중구	동구	남구	북구
1980	1,083,906	84,252	162,487	487,025	350,142
1985	1,386,911	83,564	146,413	617,842	539,092

자료 : 인구주택총조사 각 연도. 필자 재정리.

〈표3-3〉 인천시 구별 인구변화(1995~2010년)

(단위 : 명, %)

구분	1995	2000	2005	2010
인천	2,308,188 –	2,475,139 (6.7)	2,531,280 (2.2)	2,662,509 (4.9)
중구	59,679 –	56,880 (-4.9)	59,463 (4.3)	55,090 (-7.9)
동구	100,240 –	72,989 (-37.3)	74,602 (2.2)	73,455 (-1.6)
남구	425,887 –	409,945 (-3.9)	414,395 (1.1)	416,088 (0.4)
연수구	212,632 –	260,289 (18.3)	263,650 (1.3)	277,429 (5.0)
남동구	383,267 –	397,491 (3.6)	373,720 (-6.4)	460,750 (18.9)
부평구	489,621 –	529,569 (7.5)	548,068 (3.4)	547,395 (-0.1)
계양구	256,785 –	327,020 (21.5)	326,485 (-0.2)	336,809 (3.1)
서구	294,304 –	337,518 (12.8)	374,131 (9.8)	395,777 (5.5)

자료 : 인구주택총조사 각 연도, 필자 재정리.
주 : 중구의 인구는 영유동과 영종동을 제외한 수치임.

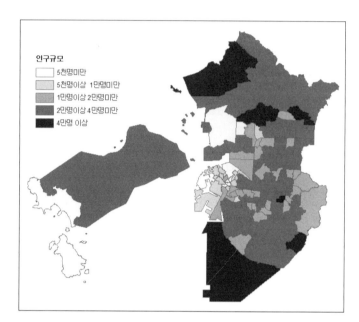

〈그림3-5〉 인천시 행정동별 인구규모(2010년)

〈표3-4〉 1990년 인천 구별 고령인구 비율

행정구역별	1990	65세 이상 인구	65세 이상 인구비율(%)
인천직할시	1,816,328	100,773	5.5
중구	80,799	7,270	9.0
동구	124,163	9,239	7.4
남구	457,436	27,922	6.1
남동구	307,031	16,416	5.3
서구	230,241	10,529	4.6
북구	616,658	29,397	4.8

자료 : 1990년 인구주택총조사. 필자 재정리.

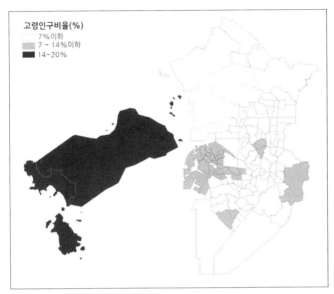

〈그림3-6〉 2000년 인천의 동별 고령인구비율

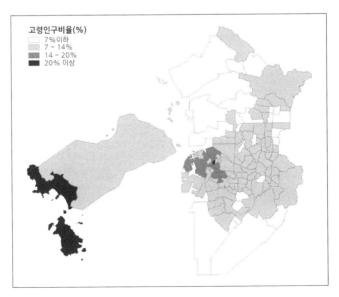

〈그림3-7〉 2010년 인천의 동별 고령인구비율

구도심 일대의 쇠퇴는 지역인구의 연령구조를 통해서도 확인할 수 있다. 일반적으로 인구학에서 고령인구의 기준은 65세[1] 이상이다. 고령인구의 비율이 7~14%이면 고령화사회, 14~20%이면 고령사회, 고령인구의 비율이 20% 이상이면 초고령사회로 구분한다. 고령인구는 젊은 층에 비해서 이동성이 낮은 특성을 보인다. 전국적 차원에서 보면 고령인구의 비율은 농촌에서 압도적으로 높은데, 이러한 현상은 고령인구의 특성과 무관하지 않다. 이를 도시지역에서 조망하면 고령인구는 주로 도시의 오래된 지역인 구도심에 거주한다. 지역 내에 새로운 개발이 진행되어도 고령인구의 이동은 높지 않기 때문에 상대적으로 구도심의 고령인구비율이 높은 경향을 보인다.

우리나라는 2000년에 들어서 고령화 사회에 접어들었다. 2000년 당시 우리나라의 고령인구 비율은 7.3%였다. 1990년은 아직 우리나라가 고령화에 접어들기 10년 전의 시점이었다. 당시의 인천의 고령인구비율은 5.5%로 고령인구비율이 크게 높지 않았다. 그러나 이를 구별로 보면 다소 상황이 달라진다. 1990년 중구의 고령인구 비율은 9.0%이고 동구의 고령인구비율은 7.4%로 이미 고령화사회에 접어들었다. 나머지 구들은 고령인구의 비율이 모두 7%이다. 남동구, 북구, 서구의 경우 인천의 전체 평균보다 낮은 비율을 보인다. 이는 중구와 동구가 다른 구들에 비해서 단순히 고령인구의 비율이 높다는 것만을 의미하는 것이 아니라, 젊은 연령대의 인구는 상당부분 유출되는 현상 즉, 1980년대 말부터 이미 지역의 쇠퇴가 서서히 진행되고 있음을 의미한다.

---

1) 이러한 기준은 1970년대 유엔 인구국에서 제정한 것으로 우리나라뿐만 아니라 전 세계에 공통으로 사용된다.

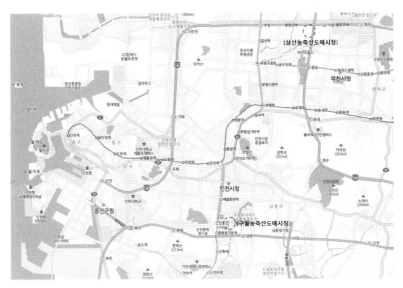

〈그림3-8〉 구월·삼산동에 위치한 농축산물도매시장

 2000년의 고령인구비율을 행정동별로 살펴보면 중구 전체와 동구의
일부 동을 제외하면 모두 고령인구의 비율이 상대적으로 높은 것을 알
수 있다. 2010년의 상황을 보면 이러한 경향이 더욱 두드러지는데 중구
와 동구의 경우에는 고령인구의 비율이 7~14%인 고령화 사회에 진입한
행정동들이 많다. 특히 동구의 송림2동의 경우 고령인구의 비율이 20%
이상으로 나타났다.

 유동인구를 유입할 수 있는 기관과 학교가 이전하고 거주하는 인구의
연령층이 고령화되고 있는 현상은 현재 구도심 일대가 길게는 20여 년
전부터 계속적으로 쇠퇴하고 있음을 보여주고 있다. 이러한 지역여건은
전통시장의 쇠퇴현상과 무관하지 않을 것이라 생각된다.

 구도심의 기능약화 중에서는 도매시장의 이전도 큰 역할을 했다. 중구
일대에는 과일과 야채를 중심으로 한 도매시장들이 동인천역 앞과 배다

리철교 사이에 있었던 지금의 채미전거리는 과일 도매상가였고, 숭의철교 북단에 있었던 숭의깡시장도 역시 과일도매시장이었다. 1994년 인천시는 남동구 구월동에 농축산물도매시장을 개설하여 도매상인들에게 임대하면서 구도심에 있던 도매시장들을 이전시켰으며 2001년에는 삼산동에도 농축산물도매시장을 개설하여 운영 중에 있다.

2. 전통시장의 물리적 시설 및 사용 여건

본 장에서는 전통시장의 쇠퇴를 전통시장이 보유하고 있는 기반시설과 연관시켜 살펴보고자 한다. 전통시장이 보유하고 있는 기반시설들은 매우 다양하다. 시장을 운영하기 위해서는 기본적으로 상하수도, 전기, 소방, 사무실, 주차장 등 매우 다양한 시설들이 필요하다. 그러나 전통시장과 관련된 모든 시설을 다룰 수는 없고, 주로 시장의 이용과 운영에 관련된 주요 시설만을 다루도록 한다.

전통시장의 물리적 시설을 다루기에 앞서 확인해야할 사항은 상인회의 조직여부이다. 전통시장을 운영하기 위한 개별적인 시설들은 상인들이 유지·보수한다. 그러나 기반시설일 경우에는 비용이 매우 많이 소요되기 때문에 자부담 비율은 높지 않다. 대부분 중앙정부와 지자체의 지원을 받아서 진행되는 경우가 대부분이다. 가장 대표적인 시설물인 아케이드의 경우에도 수억원에서 수십억원 정도의 비용이 소요되기 때문에 자부담의 비율은 10% 정도로 알려져 있다.

그러나 이러한 시설현대화사업을 추진하기 위해서는 정부와 유관기관의 지원에 앞서 상인회조직의 활동이 필요하다. 따라서 주요 시설들이 설치되기 위해서는 상인회조직의 운영여부를 확인해 볼 필요가 있다. 인천의 시장 54개 중에서 현재 철거 부존재하는 시장을 제외한 53개의 시장 중에서 상인회가 설치되어 있는 시장은 모두 38개이며 15개의 시장은 상인회가 설치되어 있지 않은 것으로 나타났다. 상인회가 조직되어 있지 않은 시장은 물리적 시설을 개선하기 위한 아케이드, 공용주차장, 공동화장실 등 시설현대화사업이나 전통시장을 활성화하기 위한 프로그램을 수행하기에 현실적으로 어려움이 있다.

전통시장을 활성화하기 위한 프로그램의 수행 여부는 상인회 사무실의 설치, 교육장의 유무, 고객지원센터, 종합콜센터의 유무 등을 통해서 간접적으로 판단할 수 있다. 상인회사무실의 경우 상인회의 수보다 다소 적은 33개의 시장만이 상인회사무실이 있었으며, 교육장의 경우에는 이보다 적은 18개의 시장만이 교육장을 운영하고 있었다. 고객지원센터의 경우에는 7개의 시장이 운영하고 있었으며 종합콜센터의 경우 2개의 시장만이 운영하고 있는 것으로 나타났다.

고객지원센터는 이용객들의 안내를 위한 공간이기도 하지만 상인회 이외에도 시장발전을 위한 사업단이 구성되어 있음을 의미하기도 한다. 고객센터가 개설되어 있는 시장은 인천종합어시장, 인천용현시장, 석바위시장, 진흥종합시장, 부평종합시장, 신포시장이다. 신용카드를 사용할 수 있는 시장은 인천종합어시장, 부평종합시장, 남구의 신포시장, 서구의 중앙시장이다. 종합콜센터를 운영하는 시장은 동구의 현대시장과 서구의 정서진 중앙시장이다(표3-5).

〈표3-5〉 전통시장의 상인회 조직과 부대시설

주요 조직	운영여부		
상인회	운영	비운영	%
	38	15	72
사무실	설치	비설치	%
	33	20	62
교육장	설치	비설치	%
	18	35	34
고객지원센터	운영	비운영	%
	7	46	13
종합콜센터	운영	비운영	%
	2	51	9

출처 : 소상공인시장진흥공단 내부자료

　전통시장의 대표적인 시설물들의 중에서 아케이드, 공동화장실, 고객 전용 주차장, 카트시설의 유무를 살펴보자. 아케이드는 건축학에서 기둥에 의해서 지지되는 아치 또는 반원형의 천장 등을 연속적으로 설치한 구조물을 의미한다. 아케이드는 원래 전통시장에서 먼저 시작된 건축시설물은 아니지만 비나 눈이 올 경우에도 시장의 영업을 정상적으로 유지시켜줄 수 있다는 점에서 물리적 시설 측면에서 매우 필수적인 요소라고 할 수 있다.

　아케이드는 53개의 시장 중에서 27개의 시장에 설치되어 있었으며 공동화장실의 경우 35개의 시장에 설치되어 있는 반면에 18개의 시장에는 설치되어 있지 않았다. 고객전용주차장의 경우 20개의 전통시장에만 설치되어 있고, 나머지 33개의 시장에는 설치되어 있지 않았다. 전통시장 중에는 카트를 사용할 수 있는 총 4개 시장으로 신흥시장, 부평종합시장, 인천종합어시장, 정서진 중앙시장이 여기에 해당된다.

아케이드가 설치됐다는 것은 전통시장에 시설현대화사업이 적어도 한 번은 진행됐다는 것을 의미한다. 아케이드를 보유하고 있지 않은 시장들은 양키시장(송현자유시장)과 같이 시설이 매우 노후한 상태에 놓여있을 가능성이 높은 시장들이거나 상가형 건물의 소규모 시장이라는 것을 의미한다. 물론 주로 한복점으로 이루어져 있는 동구의 중앙시장의 경우에는 업종의 특성상 실내에서 작업과 상거래가 이루어진다는 점에서 차별성을 고려해야할 부분도 있다.

〈그림3-9〉 석바위시장의 아케이드　　　　〈그림3-10〉 석바위시장 내부

〈표3-6〉 전통시장의 주요시설현황

주요 시설	설치여부		
아케이드	설치	비설치	%
	27	26	51
공동화장실	설치	비설치	%
	35	18	66
고객전용 주차장	설치	비설치	%
	20	33	38
카트시설	사용가능	비사용	%
	4	49	8

〈표3-7〉 구별 편의시설 보유현황

구분	자전거 보관소	시장전용 고객주차장	수유시설	고객휴게실
시장수	7	19	0	4
구분	유아놀이방	문화교실	카트	간이도서관
시장수	2	3	3	0

자료 : 소상공인시장진흥공단 내부자료

　고객휴게실을 보유하고 있는 시장은 총 4개로 만수창대시장, 용현시장, 부평종합시장, 십정종합시장이다. 용현시장, 부평깡시장, 부평종합시장의 경우 문화교실을 운영하고 있었으며 계산시장과 송현시장은 유아놀이방을 운영중에 있다. 수유시설과 간이도서관을 보유하고 있는 시설은 현재까지는 없는 것으로 나타났다. 유아놀이방을 운영하고 있는 시장은 동구의 송현시장, 계양구의 계산시장이다.

〈그림3-11〉 용현시장의 주차장

〈그림3-12〉 신기·남부종합시장의 공영주차장

전통시장을 이용하는 이용객들의 편의를 제공하기 위한 기반시설 중에서 중요한 비중을 차지하는 것은 주차와 관련된 시설일 것이다. 구매행태가 자동차를 이용하는 비율이 계속적으로 높아지고 있는 추세에도 불구하고 전통시장은 이러한 기조에 발맞추지 못하고 있다.

〈그림3-11〉은 용현시장 주차장의 모습이다. 용현시장은 자동차 42대를 주차하고 자전거 22대를 보관할 수 있는 주차장이 마련되어 있다. 이는 2007년부터 인천 남구에서 진행 중인 1시장 1주차장 사업의 일환으로 신축되었다. 1시장 1주차장 사업은 2007년 석바위시장을 시작으로 용현시장, 신기·남부시장, 토지금고시장에 사업이 완료되어 주차장을 보유하고 있다. 이중에서 신기·남부시장의 주차장은 150대의 차량을 주차할 수 있어 인천의 전통시장이 보유한 주차장 중에서 가장 많은 차량을 수용할 수 있다(그림3-12).

시장의 물리적 시설의 여건을 다음 그림과 같이 정리하였다. 이들 중에서 대부분의 시설들이 보유하고 있지 않은 시장들을 확인할 수 있었다.

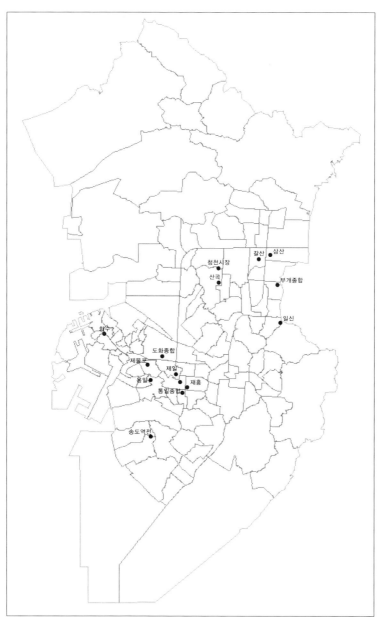

〈그림3-13〉 상인회가 없는 시장

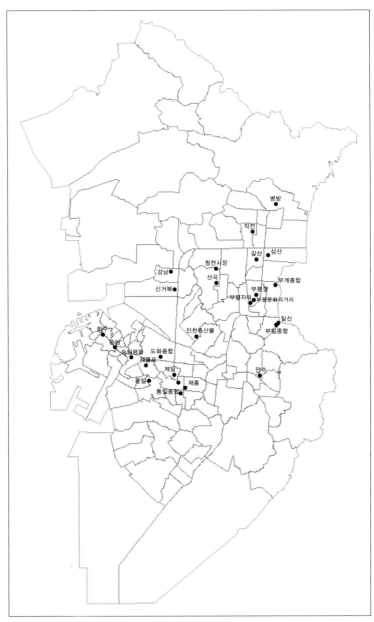

〈그림3-14〉 아케이드가 없는 시장

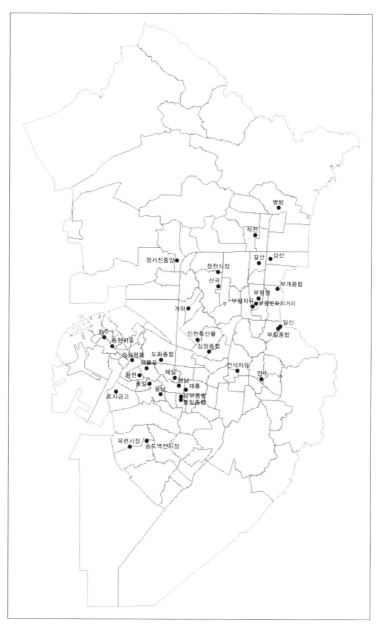

〈그림3-15〉 주차장이 없는 시장

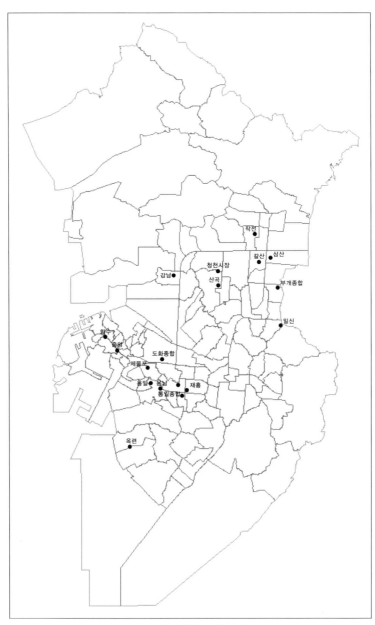

〈그림3-16〉 화장실이 없는 시장

〈표3-8〉 상인회가 조직되어 있지 않은 시장들의 주요 시설현황

시장명	상인회	공동화장실	아케이드	주차장
제일시장	없음	수세식	있음	없음
주안자유시장	없음	없음	없음	없음
연수송도역전시장	없음	수세식	있음	없음
화수자유시장	없음	없음	없음	없음
재흥시장	없음	없음	없음	없음
제물포시장	없음	없음	없음	없음
도화종합시장	없음	없음	없음	없음
부개종합시장	없음	없음	없음	없음
청천종합시장	없음	없음	없음	없음
일신종합시장	없음	없음	없음	없음
갈산시장	없음	없음	없음	없음
산곡시장	없음	없음	없음	없음
삼산시장	없음	없음	없음	없음
용일시장	없음	없음	없음	없음
통일종합시장	없음	없음	없음	없음

　　물리적인 시설들을 보유하고 있지 않은 시장들은 대부분 상인회가 조직되어 있지 않은 시장이라는 것을 확인할 수 있다(표3-8). 이러한 시장들은 고객들이 이용하기에 불편하고 노후한 환경들을 보유하고 있다. 구체적인 내용들은 4장에서 확인할 수 있다.

3. 유통환경의 변화와 대형할인점의 등장

1) 세계무역기구(WTO)의 출범과 국내 유통환경의 변화

전통시장의 쇠퇴 배경을 거시적인 맥락에서 짚어보면 먼저 대외무역환경의 변화를 지적하지 않을 수 없다. 먼저 세계무역기구(WTO)의 출범 이전에 국제자유무역질서를 규정해 온 것은 GATT(관세 및 무역에 관한 일반협정)이었다. 그러나 1970년대에 들어오면서 유가 인상과 경기침체로 인해 신보호주의가 등장하고, 신발·철강·자동차·섬유 등의 분야에서 국내의 특정산업보호를 위한 조치 등으로 GATT 본래의 원칙은 침해되었다. 아울러 미국, 유럽의 경기침체와 실업증대라는 요인은 국내의 정치적 압력으로 작용하여 각국이 보호무역에 더 많이 의존하게 되는 결과를 가져왔으며, 이에 따라 세계정세는 무역분쟁이라는 갈등현상에 직면하게 되었다. 무질서해진 세계무역 분쟁을 조정하고 그동안의 경제구조의 변화를 반영하고자 GATT의 제8차 협상인 우루과이 라운드(UR)가 개시되었다.

1986년 9월 '푼다 델 에스'에서 시작한 UR협상은 7년 반 동안의 협상 끝에 1994년 4월 '마라케시'에서 WTO라는 새로운 무역체제 출범을 확정하였다. 선진국들은 그들이 비교우위를 가지고 있는 서비스와 지적재산권 등의 분야에서의 시장을 확장하려 했고, 후진국들은 수출자율규제나 반덤핑남용 등 비관세장벽의 완화를 요구하면서 서로간의 타협이 이뤄져 협상이 구체적으로 진행될 수 있었다. 이에 1995년 1월부터 GATT를 대신하여 WTO가 정식으로 출범·활동하게 되었다.

WTO의 주요 조치들을 보면 ① 공산품 분야에 있어 관세인하, 섬유부문의 수입제한 장벽 철폐, 회색지대조치(수출자유규제) 철폐, ② 농산물 분야에 있어서 예외 없는 관세화, 관세의 단계적 감축, 최소시장접근(MMA) 및 현재시장접근(CMA)에 의한 수입기회 보장방법 등을 통한 시장개방의 추진, ③155개 업종을 대상으로 한 서비스 분야의 자유화 추진이다. 특히 농업협정과 관련하여 예외 없는 관세화로 수입쿼터와 같이 수입을 제한하는 각종 비관세장벽을 없애는 대신 외국농산물과의 가격차이만큼 관세를 부과, 국내농업에 대한 충격을 완화하도록 하였다.

이 같은 대외 무역환경의 변화는 국내에서 1996년 '유통시장 완전개방'이라는 제도적 변화로 이어졌다. 이에 따라 선진외국의 유통업체와 무한경쟁시대에 접어들었고, 이전의 전통시장 중심의 유통구조는 대형할인점 및 기업형 슈퍼마켓(SSM)과 인터넷 기반의 전자상거래 중심으로 급격히 변화하였다. 특히 1997년 IMF 외환위기 이후 소비자 욕구가 양극화 되면서 상품 구매력이 대형백화점(고급브랜드)과 할인점 및 전자상거래(저가형 합리적 구매)와 같은 유통업태로 집중되고 있다.

2) 대형할인점 및 기업형 슈퍼마켓(SSM)의 출현

(1) 대형할인점의 기원과 정의

대형할인점은 2차 대전 이후에 생겨난 새로운 개념의 소매 업태로 정가 이하의 가격으로 주로 내구 소비재 상품을 소비자에게 항시 판매하는 소매점을 지칭하며 특정기간, 특정 상품에 한정되는 바겐세일과는 그 성격을 달리한다. 대형할인점의 판매 방식은 '모든 상품의, 모든 소비자에 대한 항시적인 할인판매'라고 말할 수 있다. 주로 유명브랜드의 상표를 취급하며 상품라인이나 구성은 백화점과 유사하지만 저마진을 유지하기 위해 지가가 낮은 지역에 위치하고, 건물이나 인건비, 일반관리비

등을 낮게 운영하며 상품 회전율을 높이고 광범위한 셀프서비스로 운영
한다는 데서 백화점과는 다르다.

대형할인점의 종주국인 미국의 경우 첫째, 가정용품, 의류 등 식품 이외
의 상품을 포함, 항시 저가격으로 판매하며, 둘째, 주로 유명상표(National
Brand) 상품2)을 취급하는 업태이다. 기존 업태와의 차이점은, 첫째, 현금
지불 및 직접운반(cash and carry)3), 둘째, 저마진이며 상품의 고회전율
실현, 셋째, 셀프서비스 판매 방식을 통한 대량 판매, 넷째, 저비용 경영으
로 최대의 이익을 추구하는데 있다. 이밖에도 산지개발, 채널개발, 상품개
발을 통하여 안정적으로 상품공급과 유통 주도권의 확보에 도전하고 있는
업태를 지칭한다.

(2) 우리나라 대형할인점의 법적 규정

국내에서 대형할인점에 대한 법적 규정은 '유통산업발전법' 등에 명시
되어 있다. 동법은 유통산업의 효율적 진흥과 균형적 발전을 도모하기
위해 1997년 7월 1일부터 시행중이다. '유통산업발전법' 제2조에서 '대규

---

2) 전국적인 시장수용성을 가지는 제조업자의 브랜드로서, 미국 마케팅협회(AMA)의 정의
에 의하면, "통상 넓은 지역에 걸쳐 그 적용을 확보하고 있는 제조업자 혹은 생산자의
브랜드"이다. 브랜드란 기업이 판매하는 제품 또는 서비스에 대하여 타기업의 그것과
구별하기 위해 사용되는 상표나 상품명을 가리키는 말이다. 제조업자는 이 브랜드를
통하여 제품차별화를 부각시키고, 광고·판촉 등을 행함으로써 시장 확대를 꾀한다. 일
반적으로 제조업자 브랜드라고 말하며, 유통업자의 브랜드인 프라이빗 브랜드(private
brand)에 대응되는 용어이다.
3) 상품 구입 시 고객이 현금으로 대금을 지급하고 자신이 직접 구입상품을 가지고 가는
데서 생긴 용어로, 소매상이 도매상에서 현금으로 상품을 구입하고 그 상품을 자신이 직접
운반하는 경우에 사용된다. 통상은 도매상에서 소매상이 상품을 구입할 때 도매상이 소매
상의 점두 또는 지정장소까지 배송(配送)하게 된다. 그러나 CC 시스템의 경우는 반대로
소매상이 도매상까지 찾아가서 상품을 선택한 후 자기 책임 하에 직접 운반을 한다.

모점포'에 대해 "하나 또는 대통령이 정하는 둘 이상의 건물 안에 하나 또는 여러 개로 나누어 설치되어 있는 매장으로서 매장면적의 합계가 3,000㎡ 이상인 상시 운영 되는 매장을 가진 점포의 집단으로서 대통령령이 정하는 것"이라고 규정하고 있다. 동법 시행령 제3조에서는 대규모 점포의 업태를 대형마트, 전문점, 백화점, 쇼핑센터, 복합쇼핑몰, 그 밖의 대규모점포로 분류하고 있다. 대형할인점은 이중 대형마트에 속한다. '유통산업 발전법'에 따른 대규모 점포의 업태 분류기준은 〈표3-9〉와 같다.

〈표3-9〉 대규모 점포의 종류

종류	정의
대형마트	매장면적의 합계가 3천㎡ 이상인 점포 식품·가전 및 생활용품을 중심으로 점원의 도움 없이 소비자에게 소매하는 점포 집단
전문점	매장면적의 합계가 3천㎡ 이상인 점포 의류·가전 또는 가정용품 등 특정 품목에 특화한 점포 집단
백화점	매장면적의 합계가 3천㎡ 이상인 점포 다양한 상품 구매를 할 수 있도록 현대적 판매시설과 소비자 편익시설이 설치된 점포로서 직영의 비율이 30% 이상인 점포 집단
쇼핑센터	매장면적의 합계가 3천㎡ 이상인 점포 다수의 대규모점포 또는 소매 점포와 각종 편의시설이 일체적으로 설치 직영 또는 임대의 형태로 운영
복합쇼핑몰	매장면적의 합계가 3천㎡ 이상인 점포 쇼핑·오락 및 업무 기능 등이 한 곳에 집적되고, 문화·관광시설로서의 역할을 하며, 1개의 업체가 개발·관리 및 운영

할인점이란 용어가 정확히 제시된 법규는 지난 1996년 8월부터 시작된 건축법 시행령 제65조 제1항 제13호의 규정에 의한 '자연녹지지역의 대형할인점 등 설치운영에 관한 고시'이다. 이 고시에서 대형할인점이라 함은 '유통산업발전법'에서 규정한 대형마트로서 고시 제7조 제1항 각호

의 시설 및 운영기준을 갖춘 판매 시설을 말한다. 대형 할인점의 부지
면적은 매장, 주차장 및 부대시설 등을 포함하여 10,000㎡를 초과할 수
없으며 매장면적은 2,000㎡ 이상이어야 한다고 규정하고 있다. 하지만
1998년 7월 13일 개정 고시된 내용에서는 종전의 2,000㎡이었던 기준을
3,000㎡로 높여 '유통산업발전법'과 통일시키고 있다. 요약하면 대형할
인점, 즉 대형마트란 '합리적 유통 전략으로 유통비용을 절감하고 마진
율을 낮추어 타점포보다 항시 현저히 낮은 가격에 상품을 공급하는 매장
면적 3,000㎡ 이상의 소매점'이라고 정리할 수 있다.

(3) 국내 대형할인점의 출현

우리나라의 대형 마트는 1993년에 신세계가 당시 미국에서 월마트,
프라이스클럽 등의 대형 마트형 할인점이 주목 받고 있다는 사실을 반영
하여 서울 도봉구 창동의 삼성아파트 부지 옆에 있던 자투리땅에 매장을
열게 되었다. 이것이 이마트의 시작이며 한국의 대형할인점의 시작이었
다. 신세계의 1호점인 서울 창동점은 백화점 중심의 국내 유통 흐름을
극적으로 변화하도록 하였다. 외국계 기업들이 국내의 상황을 무시하고
창고와 같은 매장 분위기를 연출하고 있던 당시 이마트는 다른 외국계
할인점과 달리 '한국형 할인매장'이라는 토착화 전략을 구사하여 매장을
백화점 수준으로 단장하고, 한국형 할인점의 모델을 제시하였고, 각종
편의시설을 통해 고객에게 원스톱 쇼핑환경을 구축하였다.

이마트 출발 10년 만에 할인점은 전체 백화점 시장을 넘어서는 매출을
기록하였다. 이에 백화점 사업에 주력하던 롯데쇼핑은 이마트 대약진의
충격으로 1998년 할인점 사업에 뛰어들었다. 대형 마트는 이후 유통시장
의 개방과 외환위기를 겪으면서 점포수와 매출액에서 매년 높은 증가율

을 보였다. 재래시장에서 볼 수 없었던 대형마트의 고유의 특성을 수립
했다. '원스톱 쇼핑'은 소비자의 장보기 습관을 바꾸어 놓았던 것이다.
판매되는 제품은 전국적으로 유통되는 표준적인 상품들이며 가격에 있
어서도 상시 저가정책을 추구한다. 대형할인점은 대량구매, 대량진열,
저마진, 고회전, 셀프서비스, 최저투자 등 생산, 유통, 판매구조를 합리
화시켜 저가로 판매한다는 점에서 일반 소매 업태와 큰 차이를 보인다.
규모면에 있어서도 넓은 주차 공간, 다양한 제품구색이라는 점에서 백화
점과 비교될 수 있는 소매 형태로 입지를 굳혔다. 백화점보다는 상품의
다양성이 부족한 면이 있지만, 낮은 마진을 보전하기 위해 제한된 서비
스, 낮은 시설 투자비, 셀프서비스 등으로 점포의 운영비를 낮추는가 하
면, 상품의 구성에 있어서도 고회전의 제품을 주로 취급한다는 점에서
백화점과 차이를 보이고 있다.

(4) 대형할인점의 성장

대형할인점은 저가격 상품 판매를 주요 무기로 하는 새로운 소매 업태
로 기존 업태와는 차별되는 유통 활동 특성을 가지고 있어서 급속한 성장
세를 보이면서 우리나라 유통산업에 변화의 바람을 일으켰다. 대형매장
운영상의 특징은 다음과 같다.

첫째, 물품의 조달에 있어서 어느 업태보다 상품 판매 가격이 저렴해
야 하므로 직거래, 다량구매, 현금구매, 계약구매, 무반품 조건부구매,
자체 브랜드(PB : Private Brand) 상품의 개발, 수입품 구매 등 다양한 구매
방법이 동원된다. 그중 PB제품은 유통단계 축소를 통해 물류비를 절감
할 수 있어 원가절감으로 인한 새로운 수익원이 되고 있으며, 경쟁 타점
과 차별성을 확보할 수 있다.

둘째, 운영 방식으로 매장의 장기적인 저비용 구조의 실현이다. 대형할인점은 도심의 외곽 지역에 저비용으로 출점하여 점포의 대형화 및 대형 주차장 설치가 가능한 곳의 입지를 선호한다. 그리고 건물 외형의 단순화 및 내·외장 마감의 간소화를 통해 점포 운영 경비의 최소화로 점포 개발비용을 최대한 억제한다. 또한 셀프서비스 판매방식을 통한 인력의 절감, 유통과정에서 발생하는 비용과 시간의 절감을 위한 최적의 물류시스템의 개선, 대량의 상품 판매와 이를 위한 매장의 대규모 등을 통해 규모의 경제를 실현하고 있다.

셋째, 1991년부터 시작된 단계적 유통시장의 개방, 신도시와 부도심의 개발, 정부의 규제완화로 대형부지 공급이 가능하게 되면서 외국 유통업체 및 국내 대규모 기업들이 적극적으로 새로운 유통시장 진출을 모색하게 되었다. 또한, 1998년 외환위기를 전후하여 소비행태가 급격히 대형할인점 친화적으로 변화하면서 대형판매시설이 자리를 잡을 수 있는 토대를 제공하고 급속히 성장하게 된다.

이와 같은 대형할인점의 성장배경에는 다음과 같은 사회적 조건을 갖추고 있다. 첫째, 핵가족화·맞벌이 부부의 증가, 주5일 근무제, 자동차, 대형냉장고 보급의 확산으로 원거리 및 주말쇼핑 등 생활양식(life-style)의 변화에 따라 소비자들의 저가지향의 합리적 소비욕구가 확산되었다. 둘째, 1990년대에 들어 재래시장과 백화점으로 양극화된 소매유통업계가 성장률의 저하로 대형할인점이 자리 잡을 수 있는 공간이 존재했기 때문이다. 우리나라 대형할인점은 이마트 창동 1호점을 시초로 하여 1996년 유통시장의 개방에 힘입어 IMF라는 경제적 어려움 속에서도 빠른 속도로 성장하여 2007년 12월 기준으로 총 354개의 점포가 설립되었다. 대형할인점의 매출액은 2002년 17조 4천억에서 2007년 28조원으로 증가하였으며,

이 중 상위 4사의 매출액 비중은 2002년 54.6%에서 2007년에는 83.9%를 차지했다.

(5) 기업형 슈퍼마켓(SSM)의 등장

2008년 이후 중소상인과 마찰을 빚고 있는 기업형 슈퍼마켓(SSM)은 축소화 된 대형할인점이라고 볼 수 있다. 우선 SSM이 중·소상공인들의 강력한 규제요구에 직면해있는 이유는 점포 입점과 관련하여 법적 규제대상에서 제외되어 왔다는 사실 때문이다. 일반적인 슈퍼마켓보다는 크고 대형할인점보다는 작으며, 직영점 또는 가맹점 형태를 지니는 SSM은 현재 롯데 슈퍼, 홈플러스 익스프레스, GS 슈퍼마켓, 이마트 에브리데이 등과 같은 업체를 지칭한다.

SSM 출점 배경을 보면 대기업의 대형할인점이 과점상태에 이르게 되어 국내 입점이 한계에 이르자 정부의 법적조치를 수반한 규제에서 벗어나고 새로운 시장 개척을 위한 목적으로 규모를 축소하여 출점하였다.

정부가 대형할인점에 대해 등록세와 사업조정제도 등을 도입하는 등의 규제를 강화한 가운데, SSM은 매장면적의 특성상 중소도시에 입점이 용이하여 대형할인점과 동네 슈퍼마켓 사이의 틈새시장을 공략하기에도 적합했다. 규모와 내용면에서 300평에서 1,000평 규모로 동네 슈퍼마켓보다는 크고 대형할인점보다는 작은 크기로 운영되는 SSM은, 가공품들을 주로 판매하는 편의점과 달리 채소나 생선 등의 농축산물도 판매한다. 대형할인점에 비해서 출점이 용이하기 때문에, 대기업으로서는 대형할인점을 입점 시키기 어려운 지역에 진출하기 위한 전략적 선택이다.

이와 같이 대형유통기업이 대형할인점, SSM 등의 점포를 지속적으로 늘려나가면서 대형할인점의 연평균 성장률은 2005년 375개에서 2010년

430개로 7.8% 증가하였고, SSM은 2003년 234개에서 2013년 1,105개로
늘어나 점포 수 기준 26.2%의 성장률을 보였다.4) 이에 비해 전통시장은
2003년 1,695개에서 2013년 1,511개로 1.7% 감소하였다.

특히 매출 면에 있어서도 2008년 기준 롯데슈퍼·홈플러스 익스프레
스·이마트 에브리데이·GS슈퍼 등 4대 SSM 전국 점포수 2012년 6월 말
현재 1,019곳으로 3배가량 증가했다. 또 2008년 1조 9,180억 원이던 4대
SSM의 매출액은 2011년 3조 9,633억 원으로 갑절이상 증가했다. 또한
3대 대형마트가 올린 2011년 매출은 25조 7,874억 원에 달했고 반면에
재래시장 매출액은 동년 대비 9조 3천억 원 줄었다.5)

〈표3-10〉 전통시장과 기업형 슈퍼마켓(SSM)의 증감

(단위 : 개)

구분	2003	2008	2013
전통시장	1,695	1,550	1,511
SSM	234	360	1,105

〈표3-11〉 인천 내 대형할인점 및 기업형 슈퍼마켓의 출점 현황

(단위 : 개)

구분	2002	2004	2006	2008	2010	2012	2014
대형할인점	10	10	14	17	21	26	28
SSM	1	3	3	4	14	42	60

---

4) 최근 전통상권 보호라는 인식 아래 개정된 유통산업발전에 의해 SSM의 출점 추세는
둔화되고 있다.
5) 김휘준, 「대형마트 신설이 재래 상권과 소비자 환경에 미치는 연구」, 상명대학교 석사
학위 논문, 2013.

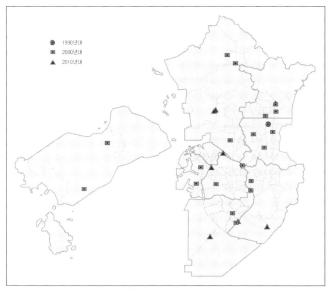

〈그림3-17〉 인천 내 대형할인점의 지역별 분포

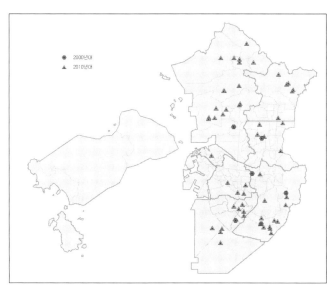

〈그림3-18〉 인천 내 SSM의 지역별 분포

〈표3-12〉 인천광역시 지역별 대형할인점 및 SSM 출점 현황

구분	대형할인점			기업형 슈퍼마켓(SSM)			합계
	홈플러스	이마트	롯데마트	홈플러스 익스프레스	에브리데이 이마트	롯데 슈퍼	
중구	–	2	2	–	–	–	4
동구	–	1	0	1	–	–	2
남구	2	1	0	3	–	2	8
연수구	1	1	2	2	2	6	14
남동구	3	–	–	7	3	4	17
부평구	–	1	3	1	2	3	10
계양구	2	1	1	1	3	2	10
서구	2	1	2	8	7	3	23
합계	10	8	10	23	17	20	88

한편, 인천의 경우 1995년 부평구 갈산동에 이마트 부평점이 입점한 이래 대형할인점의 출점은 지속적으로 증가하고 있다. SSM의 출점 또한 2002년 롯데슈퍼 신현점이 개점한 이래 지속적으로 증가하였으며, 특히 2010년 이후 52개소의 SSM이 신규 출점하는 등의 비약적인 증가 추세를 보이고 있다.

3) 대형할인점의 입지 유형

(1) 대형할인점의 입지 특성

대형할인점의 발상지라 할 수 있는 미국을 비롯해 서구도시들은 용도 지역지구제(zoning)와 계획허가제(planning permission) 등의 수단을 통해 대규모 소매시설의 입지기준을 설정해두고 기준에 부합하지 않는 시설

은 건축을 규제하고 있다. 이러한 입지규제의 명분은 환경과 에너지소비, 교통문제, 도시의 공간적 질서 등과 결부되어 있으며, 기존 도심의 상권을 보호한다는 경쟁제한적인 측면도 반영되고 있다.

특히, 미국 도시들의 경우 자동차 교통 중심의 생활양식과 교외화(urban sprawl)의 영향으로 대형할인점들이 대도시 외곽순환도로축에 입지하는 경우가 많다. 이는 대형할인점들이 유명상표(national brand)들을 저마진과 상품의 고회전율을 통해 대량 판매를 실현하고, 현금 지불 및 직접운반(cash and carry), 셀프서비스 판매와 같은 저비용의 경영6)으로 최대의 수익을 창출하는 전략과 일맥상통한다.

〈그림3-19〉 WAL-MART(미국 버지니아 교외)

---

6) 이로 인한 판매시설의 빈곤화(impoverishment)는 쇼핑시설의 누추함(ugliness)을 이유로 서구도시(특히 유럽의 경우)에서 규제압력으로 작용하기도 한다. 그러나 우리나라의 경우 대형할인점은 서민들이 주로 이용해왔던 전통시장에 비해 오히려 고급화된 쇼핑시설로 볼 수 있다.

〈그림3-20〉 ASDA WAL-MART(영국 스윈든 외곽)

〈그림3-21〉 이마트(부산 금정구 구서동)

〈그림3-22〉 롯데마트(인천 부평구 산곡동)

한편, 유럽의 도시들은 대형할인점의 입지가 중앙정부의 고용창출 명분이 기성 상권의 보호와 도시의 계층질서를 유지하려는 지방 당국 계획가들의 태도와 팽팽히 대립되는 측면이 강하다. 일례로 프랑스의 경우 1973년 판매시설 규제의 모태인 'Royer Law'[7])를 통해 상업시설 인허가

---

7) Royer Law의 주요 목적은 다음과 같다. ① 상업은 명확한 그리고 정직한 경쟁 영역 내에서 실행된다. ② 대형 판매시설들이 소규모 상가들을 파괴하는 것을 피해야만 한다.

심의를 위한 위원회를 설치 운영하며, 최소 300㎡의 판매면적부터 위원회의 허가 절차를 따라야 한다. 이에 따라 대형할인점 또는 슈퍼마켓들은 도시 주변의 순환도로축이나 신도시에 입지하는 경우가 흔하다.

우리나라는 우선 대형할인점이 출현하기 이전인 1980년대 이전에 백화점의 분포를 통해 대형판매시설의 입지특성을 유추해 볼 수 있는데, 대체로 접근성이 좋은 도심이나 부도심 지역에 입지하는 경우가 잦았다. 대형할인점이 등장한 1990년대 이후에는 도심이나 부도심 지역뿐만 아니라 기성시가지의 주변 지역으로 확산되어 가고 있다. 이것은 자동차의 보급 확대로 인한 접근성 향상, 소비자 구매행태의 대형화와 매장의 넓은 주차장 확보 필요성에 따른 현상으로 볼 수 있을 것이다. 다만, 이는 급속한 도시화에 기인한 시가지의 확장, 신도시 및 택지 개발, 상권의 다핵화와 같은 도시공간구조의 변화의 맥락에서 이해될 필요가 있다. 이에 따라 우리나라 대형할인점의 입지 특성은 크게 구도심 또는 부도심과 같은 기성상권에 자리 잡은 재래상권입지, 신도시나 택지개발에 따른 신흥상권입지, 그 밖에 도시 외곽의 주요 간선도로축에 위치한 비상업지역 개별입지 등으로 구분 할 수 있다.

(2) 인천 대형할인점의 입지와 특성

전술한대로 현 시점에서 우리나라 대형할인점의 입지는 재래상권 입지, 신흥상권 입지, 비상업지역 개별입지 등 크게 세 가지 유형으로 구분 가능하다.

먼저, 재래상권입지 유형은 기성 시가지의 도심 또는 부도심 권역에

---

③ 판매시설들의 배치(신설, 확장, 전환)는 국토개발, 환경의 보존, 도시계획의 질적 요구에 부합되어야 한다.

대형할인점이 자리 잡는 경우로, 기존의 유통업자나 재래시장의 상인들의 반발에 직면하여 입지과정 자체가 상대적으로 순탄치 않을 수 있다. 그러나 우리나라의 경우 도심재개발과 같은 중앙정부 및 지자체의 하향식 개발 사업과 함께 1996년 유통시장의 개방에 따른 대형할인점의 개설이 허가제에서 등록제의 변경은 대형 유통기업들이 전통시장과 골목상권으로까지 침투한 요인으로 지적되고 있다.

인천의 경우 중·동구의 원인천 지역과, 남구, 남동구, 부평구, 계양구 지역 내의 재래상권에 대형할인점이 출점한 사례가 여기에 해당한다고 볼 수 있다.

둘째, 대형할인점의 신흥상권입지 유형은 대단위 택지 개발이나 신도시 건설과정과 맞물려 있으며, 이미 택지개발이 완료된 신도시뿐만 아니라 개발이 진행되고 있거나 계획중인 도시지역에 입지한 경우까지 포함된다고 볼 수 있다. 또한 우리나라 대도시에서 접근성의 척도가 되는 역세권도 입지 선정에 주요기준이 될 수 있으며, 재래상권에 비해 입지 장벽이 상대적으로 낮은 편이다. 대체로 기존의 상권체계에 순응하여 입지를 선정하기보다는 대규모 부지와 간선도로와의 접근성과 같은 그리 까다롭지 않은 조건만 충족되면 대형할인점이 입지하며, 대형할인점이 출점하는 지역들은 새로운 상업중심지로 성장하여 지역의 상권체계를 변화시키는 결과를 낳기도 한다.[8]

인천의 경우 2000년을 전후로 대단위 택지 개발이나 신도시 건설이 촉진된 송도국제도시, 청라국제도시, 검단신도시, 영종도하늘신도시, 논

---

[8] 미국이나 유럽에 비해 시가화구역이 협소하여 지가가 높고 고밀화된 도시 형태를 보이는 우리나라 토지이용 여건상 대규모 부지를 필요로 하는 대형 판매시설들은 보편적인 상업시설의 입지논리에 충실하지 못한 입지패턴을 보이는 경우가 많으며 이는 결과적으로 도시 공간체계의 기존 질서에 왜곡을 낳곤 한다.

현택지개발지구, 용현학익택지개발예정지구 등 12개의 신개발 지역 내에 입지한 사례가 이에 해당한다. 일례로 서구 당하동과 마전동에 입점해있는 이마트 검단점과 롯데마트 검단점은 현 시점에서 외견적으로 상권을 벗어나 입지해 있는 것처럼 보일 수 있으나 배후에 검단신도시 지역에 대한 개발수요를 고려한 입지 유형이라고 할 수 있다.

한편, 비상업지역 개별입지는 미국 등 서구의 전형적인 대형할인점 입지패턴에 해당한다고 볼 수 있으며, 인천의 경우 그 비중이 크다고 볼 수 없다. 즉 우리나라 대형할인점의 입지 패턴이 서구형을 그대로 모방하지 않고 한국적 도시구조나 소비양식에 적응한 결과라고 진단할 수 있다.

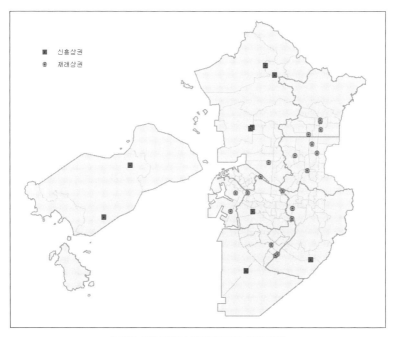

〈그림3-23〉 인천시 대형할인점의 입지 유형

4) 대형마트와 전통시장의 충돌

그동안 언론의 보도를 통해서 전통시장이 오래전부터 영업을 해오던 지역에 대형할인마트의 입주로 인해서 상인들과 대형할인마트 관할 구청이 갈등을 겪는 과정을 자주 접할 수 있었다. 특히나 서울에서는 이러한 갈등이 지난 몇 년간 지역마다 되풀이 되어 왔다. 인천의 경우는 대표적인 사례가 두 곳인데, 하나는 숭의아레나(구, 숭의운동장)에 입지한 홈플러스 숭의점이 입주할 당시이며, 다른 하나는 현재 동인천 역사에 개장을 준비하는 것으로 알려진 롯데마트이다. 홈플러스 숭의점은 영업 중이며 동인천역의 롯데마트는 현재까지 입주를 하지 않고 있다.

홈플러스 숭의점은 2011년 8월에 영업을 시작하였다. 원래 숭의운동장과 도원야구장이 있었던 이 지역은 인천에서 추진했던 도시재생사업의 사업구역 중에 하나로 포함되면서 재개발이 시작되었다. 개발의 구상은 2005년부터 시작되었다. 용도지역상 숭의운동장 부지 내에 있었던 체육회관을 제외하면 모두 자연녹지이고, 시 소유라는 점에서 도원역 일대의 도시재생사업을 추진하기에 숭의운동장은 매우 적절한 지역이었다고 판단된다. 도시재생사업의 주요 내용은 숭의운동장과 도원야구장을 철거하고 축구전용경기장을 새로 건립하고 나머지 부지에는 주상복합건물을 신축하는 내용이었다. 숭의운동장은 2007년도에 철거 이후 기부채납[9] 방식으로 축구전용경기장을 건립하여 현재 인천유나이티드 홈구장으로 사용되고 있고, 도원야구장은 2009년에 철거되었으나 아직 주상복합건물은 완공되지 않고 있다.

---

9) 기부채납이란 국가 또는 지방자치단체가 무상으로 재산을 받아들이는 것을 의미한다. 예산상의 이유로 국가나 지방자치단체가 특성 도시시설을 직접 건축할 수 없을 경우, 민간이 이를 담당하고 국가나 지방자치단체의 재산으로 기부한 후 운영권이나 사업권, 혹은 개발할 수 있는 부지를 얻는 방식을 통칭할 때 사용하는 용어이다.

숭의아레나의 개발은 단순히 도시재생사업만의 문제가 아닌 것은 숭의아레나 내에 홈플러스가 입주하기 때문이다. 재개발 이후의 인구유입 효과를 높이고 개발 부담금을 줄이기 위해서 숭의아레나의 설계단계부터 홈플러스가 입주하는 것이 전제로 설계되었다. 홈플러스의 입주보증금은 350억이다. 홈플러스 숭의점 입점의 소식이 알려지면서 주변 지역의 반대 목소리가 높았었다. 반경 2km 내에 숭의평화시장, 용현시장, 신흥시장, 현대시장 등이 모두 직접적인 영향권에 해당되기 때문이다. 2010년부터 개장할 때까지 인천상인연합회 소속 상인들을 중심으로 인천시청과 숭의아레나에서 계속 진행됐고, 물리적 마찰이 일어났었다. 당시 인천 시장이었던 송영길 시장은 대형마트 이외에 다른 대안을 찾아보겠다고 의견을 전달했고 남구청에서는 재래시장을 상권 보호한다는 차원에서 입점신청을 보류해서 공사가 중단되기도 했었다.

그러나 공사 중단이 장기화될 경우 공사비와 관리비 등을 시에서 부담해야하는 상황이었기 때문에 입점이 무산될 것이라고 보는 시각은 많지 않았다. 실제로 남구청은 2011년 홈플러스 숭의점에 대해서 조건부 허가 방침을 결정하자, 용현시장 상인들은 인천지방법원에 행정소송을 제기하기도 하였다. 전통시장 상인들의 반대가 계속적으로 이어지는 과정에도 숭의아레나의 시행사인 아레나파크는 홈플러스와 임대차계약을 2011년 4월에 완료하였고 결국 2012년 11월 22일 개점하였다. 이는 당초의 입주 예정이었던 2013년 3월보다도 앞선 시점이었다.

홈플러스 숭의점이 입점하면서 합의한 조건은 농수산물을 취급하는 영업면적을 전체의 40% 이내로 조정할 것, 시장발전기금 9억 원 기부, 매주 수요일 휴무였다. 그러나 이 중에서 매주 월요일 휴무는 다른 매장과의 형평성을 이유로 지켜지지 않고 있다.

〈표3-13〉 숭의운동장의 주요시설과 연혁

구분		축구장	야구장
건립연도		1934년	1936년
철거연도		2007년	2008년
위치		남구 숭의동 424번지	중구 도원동 7번지
규모	면적	51,332㎡	11,474㎡
	수용인원	35,000명	13,760명

자료 : 이인제. 2004. p.349.

〈표3-14〉 숭의아레나 건설의 추진경과

일시	경과
2005. 7.	숭의운동장 도시재생사업을 위한 개발방침
2006. 4.	타당성조사 및 개발기본구상 용역
2006. 5.	기본협약(MOU)체결(시, 인천도시공사)
2006. 9.	주민공람공고(2006. 9. 29~10.9)
2006. 10.	구 도시계획위원회 자문
2007. 2.	숭의운동장 도시개발구역 지정 요청(남구청)
2007. 3.	도시계획위원회 심의가결
2007. 4.	숭의운동장 도시개발구역 지정 및 지형도면 고시
2007. 6.	사업시행 실시협약체결(인천도시공사)
2007. 7.	사업시행 실시협약 체결(시, 인천도시공사) 민간사업시행자 PF사업공모
2007. 11.	우선협상대상자 선정(현대컨소시엄), 숭의운동장 사업계획보고회
2008. 3.	실시설계 및 실시계획인가, 교통 및 재해 영향평가 실시보상 및 이주대책수립
2008. 8.	보상 및 이주대책 수립

출처 : 윤현위(2008). p.98.

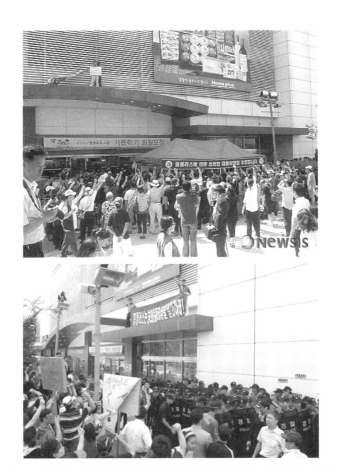

〈그림3-24〉 홈플러스 입점에 따른 상인들의 반발과 충돌(사진출처 : 《중부일보》, 2011.9.1.)

아직 입주하진 않았지만 동인천역 역사에도 대형할인점인 롯데마트의 입주계획이 있는 것으로 알려져 있다. 숭의아레나와 개발되는 배경은 다소 다르지만 대형마트를 입주시키고자 하는 의도는 사실 유사하다. 인천의 중심지 소리를 듣던 동인천역이 예전 같지 않게 된 것도 이제 20년이 다 되어간다. 그간 동인천역 역사에는 인천백화점을 시작으로 여러 번의 상업시설들이 입지했었으나 모두 실패하고 나갔다. 결국 유동인구의 유입을 통한 지역상권의 활성화를 위해서 다시 한 번 대형할인마트라는 카드를 사용하려는 것이다.

동인천역은 역사에 인천백화점이 들어선 것은 1989년이다. 이는 우리나라의 민자 역사의 개발에서도 매우 앞선 시기에 해당된다. 이는 당시 동인천역이 인천에서 갖고 있는 위상을 보여주는 증거이기도 했다. 1997년 관교동에 신세계백화점이 인천터미널 건물에 장기임대로 입주하기 전까지 대형유통자본은 인천에 아직 진입하지 않은 시기였다. 인천백화점은 IMF의 여파와 구도심 쇠락을 견디지 못하고 2001년에 폐업한다. 이후에 패션전문 쇼핑몰을 지향한 엔조이쇼핑이 입주하여 영업을 시작하였다.

그러나 동인천역에 실제로 롯데마트가 입주할지는 아직은 확실하지 않다. 2007년에 동인천역사에 관한 사업권을 인수한 동인천역사 주식회사는 2010년까지 리모델링을 통해서 역사쇼핑몰을 건립할 계획이었다. 그러나 《시사인천》의 취재에 따르면 공사대금은 220억 원 규모이나 업체는 이를 감당하지 못하고 있다고 한다. 또한 2006년부터 국가에 납부해야 할 역사 점용·사용료를 지급하지 않았는데, 이 금액만 무려 98억 원에 달하는 것으로 밝혀졌다. 롯데마트가 입주할 경우 입주보증금의 규모는 150억 정도이다. 실제로 입주여부도 불투명하지만 입주한다고 해도 정상적인 사업추진은 불가능해 보인다(2013.5.16. 《시사인천》).

신포시장 지원센터장에 따르면 입주에 관한 소식이 돌던 2013년에 전통시장상인들이 단체로 항의하고 시위를 벌였다고 한다. 동인천역에 롯데마트가 들어서면 전통시장과 대형할인마트가 철로를 두고 서로 맞닿아 있게 되는 셈이다. 신포시장 센터장은 당시 상황을 이렇게 전한다.

"동인천이 많이 죽었다고들 하지만 사실 상권의 측면에서는 그래도 나쁜
편은 아닙니다. 전철역이 있고 아직도 많은 시내버스 노선들이 동인천을
지납니다. 좋아질 수 있는 상권이에요. 롯데마트가 입점한다는 소문이 돌
았을 때는 여기 신포시장 말고도 주변에 있는 상인들이 많이 가서 시위에
참여했어요. 홈플러스 숭의점 때 학습효과가 나타난 셈이죠. 전적으로 전
통 상인들의 시위 때문이라고 할 수는 없지만 현재는 롯데마트 입점이 중단
되어 있는 상태입니다. 그러나 저희는 이를 믿지 않습니다. 언젠가 들어올
거라고 생각하고 계속 지켜보고 있는 중입니다."

대형할인마트와 재래시장상인 간의 갈등은 아직까지는 홈플러스 숭의
점과 동인천역사에 롯데마트가 입주여부와 관련된 것만 부각되었다. 그
러나 인천의 구도심 재개발이 본격적으로 진행되고 있지 않은 상황이기
때문에 이러한 문제는 다시 불거질 수 있는 가능성이 크다. 전통시장 상
인들이 대형할인마트의 입주에 반대하는 이유는 시장의 영업에 직접적
으로 영향을 미친다고 생각하기 때문이다. 대형마트의 입점이 전통시장
에 미치는 영향을 실증적으로 파악하기 위한 가장 효과적이고 정확한
방법은 매출액의 추이를 관찰하는 것이다. 그러나 현실적으로 시장별
매출액을 파악할 수 자료를 구할 수 있는 방법이 없다. 따라서 거리를
이용하여 대형마트와 전통시장과의 관련성을 파악해 보았다.

특정 지역에 대형할인마트가 입지하면 직접적인 영향을 미치는 권역
을 반경 2km로 가정하였다.[10] 대형마트의 영향권 안에 입지하는 전통시

---

10) 직접적인 영향권을 2km로 정한 것은 집필진의 임의적인 판단이다. 자료의 부재에서
　　오는 현실적인 어려움이 반영되어 있다. 특정 상업시설의 영향력을 분석하기 위해서
　　가장 중요한 자료는 구매자의 주소정보이다. 대형할인점은 이용 시 주로 자동차를 이용
　　하는 경우가 많다. 따라서 어디까지가 특정 대형할인점의 영향권을 추출하기 위해서는
　　결제한 소비자의 주소자료를 동별로 합산된 자료가 필요하다. 이론적으로는 대형할인점

장 수는 모두 45개이다. 대형마트가 가까이 있다고 해서 무조건 전통시장의 영업을 감소시키는 영향만을 준다고 단정할 수 없다. 그러나 전통시장의 쇠퇴에는 분명히 대형할인마트의 입점이 주는 영향도 적지 않을 것이라 예상된다.

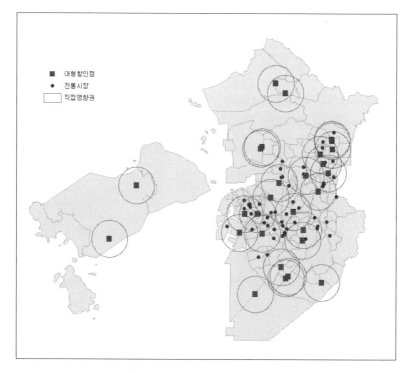

〈그림3-25〉 대형할인점의 직접영향권

에서 고객의 개인정보를 유출하지 않은 선에서 동별로 고객의 수를 산출하거나 신용카드 회사에서도 동일한 방식으로 동별 고객수를 산출한다면 개인들의 정보를 유출하지 않으면서도 양질의 자료를 생산할 수 있다. 그러나 현실적으로는 어려움이 너무나 많다.

〈표3-15〉 대형할인점의 직접영향권 내 시장현황

대형할인점	전통시장	대형할인점	전통시장
롯데마트 계산점	1	이마트 동인천점	6
홈플러스 작전점	2	홈플러스 숭의점	2
이마트 갈산점	2	롯데마트 항동점	2
롯데마트 삼산점	1	홈플러스 용현점	6
롯데마트 부평역점	3	홈플러스 간석점	8
롯데마트 부평점	2	홈플러스 구월점	3
홈플러스 가좌점	4	이마트 인천점	1
이마트 송림점	2	소계	45
전통시장 총계		54	

4. 전통시장과 대형할인점의 상권구조

1) 상권 및 상권분석에 대한 이해

(1) 상권의 정의

시장이 그 기능을 최대한 발휘할 수 있도록 중요한 요소는 상권이다. 한국학중앙연구원에서 발간한 『한국민족문화대백과』에 따르면, 상권이란 일정한 지역을 중심으로 재화와 용역의 유통이 이루어지는 공간적 범위로 정의하고 있다. 중심지의 성격, 유통되는 재화와 용역의 종류 등 다양한 관점에 따라 상권을 분류하기도 한다. 또한, 상권을 크기에 따라 대·중·소로 나눌 수 있는데, 대상권은 대도시를 중심으로 주로 형성되는데, 큰 소비지역을 기반으로 하고 있기 때문에 대량 반입한 상품을 그 지역뿐만 아니라 그 외 다른 지역으로 유통하는 형태를 띠고 있다. 중상권은 도매와 소매가 함께 이루어지고 주로 지방의 중소도시에서 형성되며, 소상권은 소매를 위주로 하는 소도시나 정기시장에 형성된다. 이러한 상권이 형성되기 위해서는 풍부한 상품, 왕성한 소비력, 교통·수송의 3가지 조건이 충족되어야 한다. 그 중 교통·수송의 발달은 상권의 변화에 막대한 영향을 끼쳤는데 상품의 수송 뿐 아니라 구매자의 접근성을 용이하게 만들어 줌으로써 상권의 공간적 범위를 넓혀주었다. 하지만 고속도로의 개통으로 대도시로의 접근성이 용이해짐으로써 지방 상권을 위축시키는 영향을 끼치기도 하였다.

미국 마케팅협회(AMA : American Market Association)는 상권을 구매자 입장과 판매량 측면으로 구분하여 정의하였다. 구매자 입장에서의 상권이란, 적절한 가격의 재화 및 용역을 합리적으로 발견 할 수 있는 것으로 기대되는 지역 범위로 정의하였고, 판매량 측면에서의 상권이란, 특정소매상이 매출액의 90% 이상을 실현하는 지역범위로써 전체 매출액의 75%가 실현되는 지역을 1차 상권, 추가로 15%가 실현되는 지역범위를 2차 상권으로 정의하기도 하였다.[11)

이 외에도 Lalonde(1962)는 상권을 소비자 선호공간의 범위라고 정의하였고, Huff(1964)는 지정기업이나 다수기업에서 판매하는 상품이나 서비스를 판매할 확률이 0 이상이고 잠재적 고객을 포함하고 있는 지리상으로 묘사된 지역으로 정의하기도 하였다. 즉, 상권(trade area)이란, 단독 또는 집적의 상업시설이 고객을 흡인할 수 있는 지리적 범위라고 할 수 있다. 따라서 한 도시의 공간구조를 이해하고 도시 내의 상호작용 패턴을 이해하는데 상권분석은 중요한 단서가 될 수 있다.

---

11) 김휘준, 「대형마트 신설이 재래상권과 소비자환경에 미치는 영향 연구」, 상명대학교 경영대학원 석사학위논문, 2013, p.13.

(2) 상권분석 관련 모델

① Reily의 소매인력법의 법칙(law of retail gravitation)

중력모델은 Newton의 만유인력의 법칙에서 착안하여 공간적 사회현상을 설명한 모델이다. 1930년대 Reily는 상업시설의 상권분석에 중력모델을 적용하여 도시 간 상업시설의 영향을 분석하였다. 레일리는 두 소매상가 간의 상권 경계는 두 상가간의 거리와 상대적 크기에 의해 결정된다는 '소매인력법칙(law of retail gravitation)'을 주장하였다. 소비자 구매 패턴은 거리는 물론이거니와 소매 점포의 중력에 영향을 받는다는 것이고, 여기서 점포의 상권은 두 점포 간의 거리와 상대적 크기에 따라 결정된다는 것이다. 즉, 인구가 많은 중심지에 위치한 소매상가일수록 원거리의 고객을 유인한다는 것이다. 예를 들어 A도시와 B도시 중간 지점에 C도시가 위치하고 상업시설은 A도시와 B도시에만 있을 경우, C도시의 소비자들은 어느 도시로 갈 것인가에 대해 설명하였다. 다시 말해 두 A, B도시의 상품 판매량은 두 도시의 인구에 비례하고, 두 도시까지 거리의 제곱에 반비례한다는 것이다(식3-1). 이 법칙은 대도시 쇼핑센터의 상권을 추정하는데 널리 이용되어 왔다.

$$\frac{B_a}{B_b} = (\frac{P_a}{P_b}) \times \frac{D_a}{D_b}$$

B_a : C도시에서 A도시로 흡수되는 판매량,

B_b : C도시에서 B도시로 흡수되는 판매량

P_a : A도시의 인구, P_b : B도시의 인구

D_a : C도시에서 A도시까지의 거리, D_b : C도시에서 B도시까지의 거리

〈식3-1〉 소매인력법칙 공식

② Converse의 수정소매인력법칙

Converse는 레일리가 제시한 소매인력법칙을 수정하여 A도시와 B도시를 연결하는 직선상에 두 도시의 상권을 구분하는 분기점 즉, 중간지점의 정확한 위치를 찾는 법을 제안하였다. 여기서 분기점은 무차별적인 경합경계지점을 뜻하며 모든 종류의 상업시설보다 전문점이나 선매품에 적용가능하다. 컨버스는 두 도시간의 거리를 연결하는 도로상의 자동차 주행시간의 시간거리와 도시인구 대신 매장면적을 사용하는 분기점 공식을 이용하여 상권경계를 결정하였다(식3-2).

$$SH_b = \frac{D_{ab}}{1 + \sqrt{\dfrac{P_a}{P_b}}}$$

SH_b: B 상업시설의 상권 경계

D_{ab}: A, B 상업시설 간 시간거리

P_a: A상업시설의 매장면적, P_b: B상업시설의 매장면적

〈식3-2〉 수정소매인력법칙 공식

③ Huff의 확률모델

Reily와 Converse의 소매인력법칙을 수정·보완하여 인구, 거리 항목에 상업시설의 면적을 추가하여 상업시설의 소매 흡인률을 산출하였다. 상권의 영역을 확률적 개념으로 접근함으로써 소비자들이 하나 이상의 상가를 방문 할 수 있음을 확률적으로 계산하였다. Huff의 확률모델은 소비자가 상업시설에 방문하는 확률은 상업시설의 규모에 비례하고, 통행시간에 반비례한다고 보았다(식3-3).

$$U_{ij} = \frac{A_j^{\alpha}}{D_{ij}^{\beta}}$$

U_{ij} : 상업시설 j에 대한 소비자 i의 효용

A_j : 상업시설 j의 매장 면적

D_{ij} : 소비자 i로부터 상업시설 j까지의 거리

α : 매장 면적에 대한 소비자의 민감도 계수

β : 거리에 대한 소비자의 민감도 계수

$$P_{ij} = \frac{U_{ij}}{\sum_{j=1}^{n} U_{ij}}$$

〈식3-3〉 Huff 확률모델 수식

Huff 확률모델에 의한 상권분류는 각 행정동에 거주하는 소비자가 방문 가능한 상업시설 중 확률적으로 가장 큰 값을 갖는 상업시설을 이용하는 것을 가정하여 상권을 추정하고 이를 분류하는 것이다. 다시 말해 한 상업시설의 상권은 소비자가 상업시설 j를 방문할 확률 P_{ij}가 가장 높은 최대값인 지역 i들이 되는 것이다.

본 연구는 Huff의 확률모델을 적용하여 전통시장과 대형할인점의 상권을 분석하였다. 전통시장과 대형 할인점의 총면적, 각 행정동에서 전통시장과 대형할인점까지의 실제 이동거리를 사용하였다. 또한, α , β 값은 각 상업시설의 규모와 상업시설까지의 통행시간에 대한 소비자 민감도 계수를 말하는데, 레일리의 법칙의 α =1, β =2 값을 사용하였다.

한편, 소비자의 구매 행동은 사전적으로 결정된 특정물품, 또는 특정시설을 선택하여 방문하기보다는 비교쇼핑을 하는 경향이 있고(이재우,

1998), 이에 상권을 개별적 단위로 분석하기보다 소비자가 방문지로서 고려하는 쇼핑권을 하나의 분석단위로 선정하는 것이 일반적이다. 따라서 본 분석에서는 모형을 적용할 때 실제 소비자 쇼핑행동에 의한 상권구분을 반영할 수 있도록 사전분석을 위해 상권구분단위를 통합하였다. 즉, 소비자의 이동범위를 약 반경 2km로 간주하고 자가용 이용 시 10분 이내 거리에 있는 시설은 하나의 쇼핑권으로 간주하여 상권구분을 위한 단위로 설정하였다.

2) 전통시장의 상권분석

인천시 126개의 행정동을 대상으로 전통시장의 상권을 분석하기 위해 우선, 상권분석단위를 지정하였다. 분석을 위한 상권분석단위는 소비자의 이동범위를 약 반경 2km로 간주하고 자가용 이용 시 10분 이내 거리에 있는 시장을 하나의 쇼핑권으로 간주하여 22개로 구분하였다(표3-16). 각 상권분석단위의 이름은 법정동명 기준으로 정하였다. 구분한 상권분석단위 내 중심이 되는 시장에서 해당 행정동까지의 거리를 산출하여 Huff 확률모델을 이용하여 상권을 분석하였다.

〈표3-16〉 전통시장의 구분 단위

단위	시장명	단위	시장명
어시장권	인천종합어시장	연수권	송도역전시장, 옥련시장
신포권	신포국제시장	부일권	부일종합시장
신흥권	신흥시장	부평권	부평자유시장, 진흥종합시장, 부평종합시장, 부평깡시장
송현권	송현자유시장, 송현시장, 중앙시장(금곡동), 화수자유시장	갈산권	갈산시장, 삼산시장
송림권	동부시장, 현대시장	부개권	부개종합시장
숭의권	숭의자유시장, 숭의평화시장, 제물포시장	산곡권	도깨비시장, 산곡시장
용현권	용남시장, 용일시장, 용현시장	계산권	계산시장
도화권	제일시장, 도화시장, 도화종합시장	병방권	병방시장
주안권	주안자유시장, 재흥시장, 공단시장, 통일종합시장, 석바위시장, 남부종합시장, 신기시장, 학익시장, 용학시장	작전권	작전시장
구월권	구월시장, 모래내시장, 구월도매시장, 간석자유시장	석남권	거북시장, 신거북시장, 강남시장, 중앙시장
만수권	만수시장, 창대시장	가좌권	축산물시장, 십정시장, 가좌시장

〈표3-17〉 Huff 확률모델에 의한 구월동 상권에 대한 전통시장의 이용확률

남동구	구분	어시장권	신포권	신흥권	송현권	송림권	숭의권
구월동	면적	7,626	3,308	2,000	9,383	12,966	4,995
	거리	15,390	9,070	8,200	10,370	9,190	7,010
	Uij	0.000032	0.000040	0.000030	0.000087	0.000154	0.000102
	Pij	0.000806	0.001007	0.000745	0.002185	0.003844	0.002545
	구분	용현권	도화권	주안권	구월권	만수권	연수권
	면적	14,510	8,618	26,006	25,830	8,366	5,374
	거리	6,180	4,630	1,630	891	2,770	7,860
	Uij	0.000380	0.000402	0.009788	0.032536	0.001090	0.000087
	Pij	0.009513	0.010067	0.611445	0.814736	0.027303	0.002178
	구분	부일권	부평권	갈산권	부개권	산곡권	계산권
	면적	2,732	23,287	3,979	1,068	19,726	6,695
	거리	6,160	6,380	8,670	7,500	7,330	17,320
	Uij	0.000072	0.000572	0.000053	0.000019	0.000367	0.000022
	Pij	0.001803	0.014326	0.001326	0.000475	0.009193	0.000559
	구분	병방권	작전권	석남권	가좌권	합계	
	면적	6,212	5,855	37,467	47,433		
	거리	15,450	16,270	12,780	4,910		
	Uij	0.000026	0.000022	0.000229	0.001968	0.039935	
	Pij	0.000652	0.000554	0.005744	0.049268	1	

126개동의 전통시장 이용확률을 산출하였는데 이해를 돕기 위해 구월동의 상권분석 과정을 살펴보도록 하자(표 3-17). 인천종합어시장까지의 거리(D)는 15,390m이고, 총 면적은 15,390㎡이다. Reily의 법칙에 따라 α =1, β =2이므로 구월동에서 쇼핑통행의 효용치 U_{ij}은 0.0000322의 값을 갖는다. 따라서 인천종합어시장으로 갈 선택확률(P_{ij})은 〈식3-3〉

에 의해 0.0008062의 값을 갖는다. 같은 방법으로 구월동에서 22개의 시장 단위까지의 선택확률을 계산한 값 중 선택확률이 0.814736의 구월권이 가장 높은 값을 나타내고, 구월동은 구월권에 포함되게 되는 것이다.

상권분석모형을 이용하여 인천시 전통시장 상권의 지역 구조를 분석한 결과 〈그림3-26〉, 〈표3-18〉과 같다. 상권구조를 보면, 인천시 상권은 총 21개로 구분된다.

이 분석은 상권과 시장면적에 기초한 확률 값으로 산출되었기 때문에 기본적으로 시장들이 입지해 있는 법정동 범위 내에 있는 시장들이 최대값을 갖게 된다. 법정동 밖으로 이동할 경우에는 시장을 이용할 확률이 떨어지기 때문이다. 따라서 대부분 근접한 지역에 있는 시장들을 이용할 값들이 높게 나오고 이를 바탕으로 상권을 구분할 수 있는 것이다.

21개의 상권을 종합해보면 전통시장이 비교적 밀집되어 있는 구도심의 상권들은 반경이 작은 반면에 석남권과 주안권은 상권에 포함되는 동들이 매우 많은 것으로 알 수 있다. 수치상으로 해석하면 석남권과 주안권의 상권 영향력이 크다고 할 수도 있겠지만 청라신도시와 송도, 연수구에는 전통시장이 거의 없기 때문이다. 따라서 이는 석남권과 주안동의 전통시장이 강한 것이 아니라 청라동 일대와 송도동을 비롯한 연수구 일대의 전통시장이 작은 것에 기인한다. 〈그림3-26〉에 따르면 영종도와 영유동은 서구와 부평구에 포함되는 것으로 나타난다. 그러나 영종도의 주민이 서구의 전통시장에 장을 보러갈 확률은 현실적으로 낮을 것이므로 이 부분에 대한 고려가 다소 필요하다.

〈표3-18〉 Huff 모델을 통한 전통시장 상권분류

번호	상권	행정동
1	가좌	가좌2동, 가좌3동, 가좌4동, 십정1동, 십정2동, 용유동, 운서동
2	갈산	갈산1동, 갈산2동, 삼산1동, 삼산2동
3	계산	계산1동, 계산2동, 계산3동, 계산4동
4	구월	구월1동, 구월2동, 구월3동, 구월4동, 간석1동, 간석2동, 간석3동, 간석4동, 남촌도림동, 논현1동, 논현2동, 논현고잔동
5	도화	도화1동, 도화2·3동
6	만수	만수1동, 만수2동, 만수3동, 만수4동, 만수5동, 만수6동, 장수서창동
7	병방	계양1동, 계양2동
8	부개	부개1동, 부개2동, 부개3동
9	부일	일신동
10	부평	부평1동, 부평2동, 부평3동, 부평4동, 부평5동, 부평6동
11	산곡	산곡1동, 산곡2동, 산곡3동, 산곡4동, 청천1동, 청천2동
12	석남	영종동, 검암경서동, 연희동, 가정1동, 가정2동, 석남1동, 석남2동, 석남3동, 가좌1동, 검단1동, 검단2동, 검단3동, 검단4동, 신현원창동, 청라1동, 청라2동
13	송도	옥련1동, 옥련2동
14	송림	송현1·2동, 송현3동, 송림1동, 송림3·5동, 송림4동, 송림6동, 금창동
15	송현	율목동, 동인천동, 북성동, 송월동, 만석동, 화수1·화평동, 화수2동, 숭의2동, 숭의4동, 숭의1·3동
16	신포	신포동
17	신흥	신흥동, 도원동
18	어시장	연안동
19	용현	용현1·4동, 용현2동, 용현3동, 용현5동
20	작전	효성1동, 효성2동, 작전1동, 작전2동, 작전서운동
21	주안	학익1동, 학익2동, 주안1동, 주안2동, 주안3동, 주안4동, 주안5동, 주안6동, 주안7동, 주안8동, 관교동, 문학동, 선학동, 연수1동, 연수2동, 연수3동, 청학동, 동춘1동, 동춘2동, 동춘3동, 송도1동, 송도2동

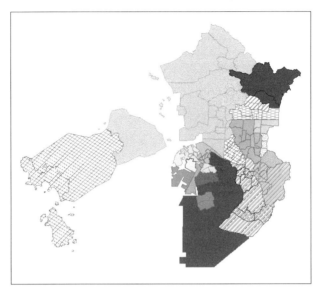

〈그림3-26〉 Huff 확률모델에 의한 인천시의 전통시장 상권

한편, 대부분 상권별 시장점유율은 상권의 인구수와 1인당 소비지출액 또는 시장의 매출액을 통해 추정하는 것이 일반적이었으나 이러한 경우 지역별 경쟁정도나 입지요소를 반영하기 어려운 점이 있다. 이에 본 연구에서는 앞서 분석한 Huff의 확률모델을 이용하여 기존의 상권분석과 시장점유율 추정의 문제점을 개선하고자 하였다.

전통시장의 1차 상권을 확인하기 위해 Huff의 확률모델의 분석 결과는 각 개별시설이 시장 내 모든 지역에 대하여 확률적으로 점유 가능한 확률을 구하는데 이용할 수 있다. 다시 말해, 1차 상권지역으로 선택되지 않더라도 개별 쇼핑시설이 각 지역에 대하여 확률적으로 점유 가능한 확률을 모두 더하고, 이렇게 구해진 시설별 점유율의 총합에 대한 개별 시설의 점유율을 구하면 시장지역에 해당하는 각 개별시설의 시장점유율을 구할 수 있다(식3-4).

$$A_j = \frac{\displaystyle\sum_{i=1}^{m} P_{ij}}{\displaystyle\sum_{j=1}^{n}\sum_{i=1}^{m} P_{ij}}$$

〈식3-4〉 시장점유율 수식

상권의 면적만으로 상권의 영향력을 단정하기 어렵기 때문에 앞서 구한 개발시장의 시장점유율 값을 상권단위로 합산하였다(표3-19). 이를 통해서 각 상권의 영향력을 파악할 수 있는데 가좌권의 경우가 점유율 14.6%이고 석남권도 12.3%로 전통시장의 시장점유율 측면에서 높은 수준의 값을 보이고 있다. 반면 숭의권과 병방권, 부개권의 경우에는 시장점유율이 1.29%, 1.01%, 0.84% 매우 낮은 수치를 보여 이용객들이 전통시장을 이용할 확률이 상대적으로 작은 것으로 예측할 수 있다.

〈표3-19〉 인천시 전통시장 상권별 시장점유율

상권구분	시장점유율	상권구분	시장점유율
가좌권	14.62	만수권	3.19
석남권	12.32	도화권	3.11
주안권	9.34	계산권	2.75
송현권	7.29	신흥권	2.58
구월권	6.94	어시장권	2.51
송림권	6.80	산곡권	2.32
용현권	4.45	작전권	2.23
부평권	4.28	부일권	1.68
갈산권	4.20	숭의권	1.29
송도권	4.01	병방권	1.01
신포권	3.81	부개권	0.84
		합계	100

3) 인천 대형할인점의 상권분석

대형할인점의 상권분석을 위해 전통시장과 마찬가지로 먼저 상권분석 단위를 설정하였다. 법정동을 기준으로 자가용 이용 시 10분 이내 거리에 있는 대형할인점은 하나의 쇼핑권으로 간주하여 18개로 구분하였다 (표3-20). 구분한 상권분석 단위 내 중심이 되는 대형할인점에서 해당 행정동까지의 거리를 산출하여 Huff 확률모델을 이용하여 상권분석하였다. 구분된 상권구분 단위 중에서 대형할인점이 가장 많은 상권은 부평권, 계양권, 연수권으로 각각 3개의 점포가 있으며, 구월권, 검단권, 청라권, 영종도권에는 각각 2개의 대형할인점이 출점해있다.

〈표3-20〉 대형할인점의 상권구분단위

상권단위	마트명	상권단위	마트명
계양권	홈플러스 계산점, 이마트 계양점 롯데마트 계양점	부평역권	롯데마트 부평역점
작전권	홈플러스 작전점	검단권	이마트 검단점 롯데마트 검단점
인하권	홈플러스 인하점	청라권	홈플러스 청라점, 롯데마트 청라점
숭의권	홈플러스 숭의점	가좌권	홈플러스 가좌점
구월권	홈플러스 구월점, 이마트 인천점	연수권	이마트 연수점, 롯데마트 연수점, 홈플러스 연수점
논현권	홈플러스 논현점	송도권	롯데마트 송도점
간석권	홈플러스 간석점	동인천권	이마트 동인천점
송림권	이마트 송림점	영종도권	이마트 인천공항점 롯데마트 영종도점
부평권	이마트 부평점, 롯데마트 부평점 롯데마트 삼산점	항동권	L항동점

〈표3-21〉 Huff 모형을 통한 대형할인점 상권분류

번호	상권	동명
1	가좌	가좌1동, 가좌2동, 가좌3동, 가좌4동
2	간석	도화1동, 도화2·3동, 주안1동, 주안5동, 주안6동, 십정1동, 십정2동
3	검단	검단1동, 검단2동, 검단3동, 검단4동
4	계양	효성1동, 효성2동, 계산1동, 계산2동, 계산3동, 계산4동, 계양1동, 계양2동
5	구월	주안2동, 주안3동, 주안4동, 주안7동, 주안8동, 관교동, 문학동, 구월1동, 구월2동, 구월3동, 구월4동, 간석1동, 간석2동, 간석3동, 간석4동, 만수1동, 만수2동, 만수3동, 만수4동, 만수5동, 만수6동
6	남구권	학익1동, 학익2동, 용현1·4동, 용현2동, 용현3동, 용현5동
7	논현	장수서창동, 논현1동, 논현2동, 논현고잔동
8	동인천	신포동, 신흥동, 율목동, 동인천동, 북성동, 송월동, 만석동, 화수1·화평동, 화수2동
9	부평권	산곡1동, 산곡2동, 산곡3동, 산곡4동, 청천1동, 청천2동, 석남1동, 석남2동, 석남3동
10	부평역	부평1동, 부평2동, 부평3동, 부평4동, 부평5동, 부평6동, 부개1동, 부개2동, 부개3동, 일신동
11	송도	송도1동, 송도2동
12	송림	송현1·2동, 송현동
13	숭의	도원동, 송림1동, 송림2동, 송림3·5동, 송림4동, 송림6동, 금창동, 숭의1·3동, 숭의2동, 숭의4동
14	연수	옥련1동, 옥련2동, 선학동, 연수1동, 연수2동, 연수3동, 청학동, 동춘1동, 동춘2동, 동춘3동, 남촌도림동
15	영종도	영종동, 용유동, 운서동
16	작전	갈산1동, 갈산2동, 삼산1동, 삼산2동, 작전1동, 작전2동, 작전서운동
17	청라	검암경서동, 연희동, 가정1동, 가정2동, 가정3동, 신현원창동, 청라1동, 청라2동
18	항동	연안동

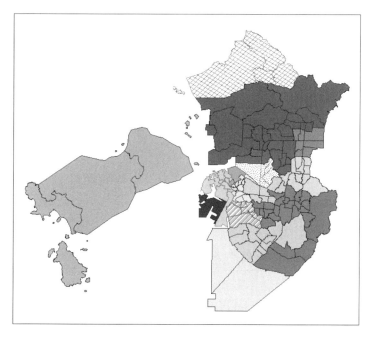

〈그림3-27〉 Huff 확률모델을 통한 인천시 대형할인점 상권

대형할인점에 의한 상권별 시장점유율을 살펴보면 구월권이 15.3%로 가장 높은 비율을 보이고, 간석권이 10.3%으로 두 번째로 높다. 숭의권, 연수권, 동인천권, 부평권 등이 높게 나타나고, 반대로 송도권의 시장점유율은 1.61% 다른 상권들이 비해서 시장점유율이 낮게 나타난다. 가좌권과 검단권, 부평권도 상대적으로 시장점유율이 낮다. 일반적으로 상권분석에서는 Huff 확률모델을 단독으로 사용하지 않는다. 허프모형은 확률값이고 추정을 위한 분석이기 때문에 확정적으로 사용할 수 없다. 그러나 본 연구에서는 상권구조를 분석할 때 Huff 확률모델을 단독으로 사용하였다. 사실 이러한 연구방법은 바람직하지 않다.

상권에 대한 정확한 분석이 이루어지기 위해서는 Huff 확률모델의 추정과 함께 매출에 관련된 자료도 함께 이루어져야한다. 그러나 전통시장의 매출액은 공식 집계되고 있지 않다. 따라서 매출액을 이용한 분석은 본 연구에서 제외하였다. Huff 확률모델 분석에서도 전통시장과 대형할인 점만 분석이 이루어졌고 SSM에 대한 내용은 언급하고 있지 않은데, SSM의 경우 면적에 대한 정보를 제공하고 있지 않기 때문이다. 따라서 SSM은 분석의 대상에서 제외하였다.

다만 우리는 부분적인 실증분석을 통하여 구도심지역과 각 구에서 오래된 지역들은 전통시장의 이용확률이 높은 경향이 있다는 것과 1990년 대 이후 새롭게 개발된 지역은 상대적으로 대형할인점의 이용확률이 높다는 것에 대해서 확률값을 제시할 수 있다는 점이다.

〈표3-22〉 인천시 대형할인점 상권별 시장점유율

상권구분	시장점유율	상권구분	시장점유율
구월권	15.31	작전권	3.91
간석권	10.29	영종도권	3.69
숭의권	8.95	논현권	3.58
연수권	8.82	송림권	2.98
동인천권	7.45	항동권	2.67
부평권	7.18	부평역권	2.54
계양권	6.27	검단권	2.46
청라권	6.27	가좌권	2.01
인하권	3.99	송도권	1.61
		합계	100

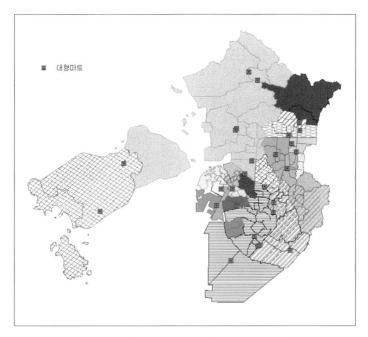

〈그림3-27〉 전통시장의 상권과 대형할인점의 분포

　〈그림3-27〉은 앞서 구한 전통시장의 상권에 대형할인점의 위치를 중
첩시켜 놓은 것이다. 서구와 연수구와 같이 전통상권의 면적이 넓은 지
역들은 대형할인점이 입지해 있더라도 전통시장과 대형할인점이 마찰을
일으킬 가능성이 상대적으로 적다. 반대로 구도심과 같이 전통시장의
상권이 작고 조밀한 경우에는 상대적으로 높을 수 있다. 숭의홈플러스의
개장시에 주변의 전통시장 상인들과 마찰을 겪은 일들도 이와 무관하지
않다.

4) 역세권으로 본 인천 상업시설의 입지특성

역세권은 철도 이용객의 접근 편의성을 설명하는 지표이나 상권의 개념으로 활용되기도 한다. 역세권은 반경 500m 이내를 1차 역세권, 1km를 2차 역세권으로 분류한다(서울특별시, 1990; 김흥순, 1999). 인천에는 경인선(수도권 전철), 인천지하철 1호선, 수인선이 관통한다. 역세권의 개념을 이용하여 전통시장, 기업형슈퍼마켓(SSM), 대형할인점의 입지특성을 파악하고자 한다.

54개의 전통시장 중에서 경인선의 역세권에 포함되는 시장은 총 18개이다. 이 중 1차 역세권에 포함되는 시장은 7개이며 2차상권에 포함되는 상권은 11개이다. 역세권 중에서 가장 많은 시장을 보유하고 있는 시장은 제물포역이다. 1차 역세권에 2개, 2차 역세권에 3개의 시장을 보유하고 있으며 동인천역의 경우 1차 역세권에 3개, 2차 역세권에 1개의 시장을 보유하고 있다.

수인선의 경우 송도역 1차 역세권에 1개의 시장이 있을 뿐 다른 역세권에는 전통시장이 존재하지 않는 것으로 나타났다. 인천지하철 1호선에는 총 10개의 시장이 역세권에 입지하고 있는 것으로 나타났다. 1차 역세권에 포함되는 시장은 8개이며 2차 역세권에 포함되는 시장은 2개이다.

인천지하철 1호선 중에서 1차 역세권에 해당되는 시장은 임학역 1개, 경인교대역 1개, 작전역 1개, 갈산역 1개, 부평시장역 2개, 부평역 1개, 선학역 1개이며 2차 역세권에 포함되는 시장들은 부평삼거리역, 간석오거리역에 각각 1개의 시장들이 입지하고 있는 것으로 나타났다.

〈표3-24〉 전통시장의 경인선과 수인선 역세권

(단위 : 개)

		500m	1000m			500m	1000m
경인선	부개역	–	1	수인선	소래포구	–	–
	부평역	–	3		인천논현	–	–
	백운역	–			호구포	–	–
	동암역	–	1		남동인더스파크역	–	–
	간석역	–			원인재	–	–
	주안역	1	2		연수	–	–
	도화역	–	2		송도	1	–
	제물포역	2	3				
	도원역	1	2				
	동인천역	3	1				
	인천역	–	1				
	합계	7	11		합계	1	0

〈표3-25〉 전통시장의 인천 1호선 역세권

(단위 : 개)

		500m	1000m		500m	1000m
인천 1호선	계양역	–	–	예술회관역	–	–
	귤현역	–	–	인천터미널역	–	–
	박촌역	–	–	문학경기장역	–	–
	임학역	1	–	선학역	1	–
	계산역	–	–	신연수역	–	–
	경인교대	1	–	원인재역	–	–
	작전역	1	–	동춘역	–	–
	갈산역	1	–	동막역	–	–
	부평구청역	–	–	캠퍼스타운역	–	–
	부평시장역	2	–	테크노파크역	–	–
	부평역	1	–	지식정보단지역	–	–
	동수역	–	–	인천대입구역	–	–
	부평삼거리역	–	1	센트럴파크역	–	–
	간석오거리역	–	1	국제업무지구역	–	–
	인천시청역	–	–	합계	8	2

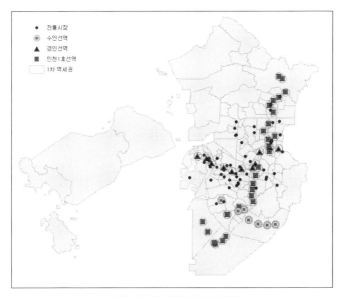

〈그림3-28〉 전통시장의 1차 역세권

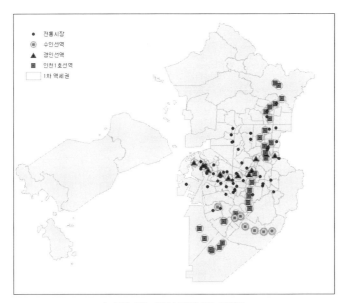

〈그림3-29〉 전통시장의 2차 역세권

〈표3-26〉 대형할인점의 경인선과 수인선 역세권

(단위 : 개)

		500m	1000m			500m	1000m
경인선	부개역	–	–	수인선	소래포구		
	부평역	1	–		인천논현	1	
	백운역	–	–		호구포		
	동암역	–	–				
	간석역	–	–		남동인더스파크역		1
	주안역	–	1				
	도화역	–	–		원인재		
	제물포역	–	–				
	도원역	–	2		연수		
	동인천역	–	–		송도	1	
	인천역	–	–				
	합계	1	3		합계	2	0

〈표3-27〉 대형할인점의 인천1호선 역세권

(단위 : 개)

		500m	1000m		500m	1000m
인천 1호선	계양역	–	–	예술회관역	1	–
	굴현역	–	–	인천터미널역	1	–
	박촌역	–	–	문학경기장역	–	–
	임학역	–	2	선학역	–	–
	계산역	–		신연수역	–	1
	경인교대입구역	–		원인재역	–	–
	작전역	–	2	동춘역	–	–
	갈산역	1		동막역	–	–
	부평구청역	–	1	캠퍼스타운역	–	–
	부평시장역	–	–	테크노파크역	–	–
	부평역	1	–	지식정보단지역	–	–
	동수역	–	–	인천대입구역	–	–
	부평삼거리역	–	1	센트럴파크역	–	1
	간석오거리역	–		국제업무지구역	–	–
	인천시청역	–	–	합계	4	8

인천에는 총 28개의 대형할인점이 있다. 경인선의 역세권에 해당되는 대형할인점은 모두 3개이다. 부평역에는 1차 역세권에 포함되는 대형할인점이 1개 있고, 2차 역세권의 경우 주안역이 1개, 도원역이 2개의 대형할인점이 있는 것으로 나타났다. 수인선 1차 역세권에는 인천논현역에 1개, 2차 역세권에는 남동인더스파크역에 1개의 대형할인점이 있다.

인천지하철의 역세권에 포함되는 대형할인점은 총 12개이다. 1차 역세권에 입지하는 대형할인점은 4개, 2차 역세권에 포함되는 대형할인점은 8개이다. 1차 역세권에 1개의 대형할인점이 입지해 있는 전철역은 갈산역, 부평역, 인천터미널역, 예술회관역이다. 임학역과 작전역에는 각각 2차 역세권 내에 2개의 대형할인점이 있고, 부평구청역, 부평삼거리역, 신연수역, 센트럴파크역에 각 1개의 대형할인점이 입점해 있다.

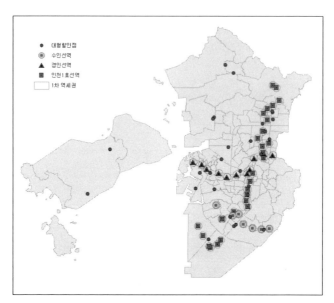

〈그림3-30〉 대형할인점의 1차 역세권

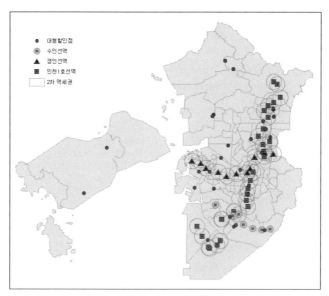

〈그림3-31〉 대형할인점의 2차 역세권

〈표3-28〉 SSM의 경인선과 수인선 역세권

(단위 : 개)

		500m	1000m			500m	1000m
경인선	부개역	1		수인선	소래포구	1	1
	부평역				인천논현	1	1
	백운역				호구포	2	2
	동암역				남동인더스파크역	-	-
	간석역		2		원인재	1	-
	주안역				연수	1	3
	도화역				송도	-	-
	제물포역						
	도원역						
	동인천역		2				
	인천역						
	합계	1	4		합계	6	7

〈표3-29〉SSM의 인천1호선 역세권

(단위 : 개)

		500m	1000m		500m	1000m
인천 1호선	계양역		1	예술회관역		
	굴현역		2	인천터미널역		
	박촌역			문학경기장역		
	임학역			선학역		
	계산역			신연수역	2	1
	경인교대입구역			원인재역	1	1
	작전역	1		동춘역		
	갈산역			동막역		
	부평구청역	1	2	캠퍼스타운역		
	부평시장역			테크노파크역		
	부평역			지식정보단지역	1	
	동수역			인천대입구역		
	부평삼거리역			센트럴파크역		1
	간석오거리역			국제업무지구역		
	인천시청역		2	합계	6	10

인천에는 모두 60개의 기업형슈퍼마켓(SSM)이 영업중에 있다. 경인선 역세권에서는 총 5개의 SSM이 입지해 있다. 1차 역세권에서는 부개역만 이 SSM이 있으며 2차 역세권에는 간석역에 2개, 동인천역에 2개가 입지 한다. 수인선 역세권에는 총 13개의 SSM이 존재한다. 1차 역세권에는 6개의 SSM이 있는데 남동인더스파크역을 제외한 소래포구역, 인천논현 역, 호구포역, 연수역, 송도역에 각각 1개의 SSM이 있으며 호구포역에 는 2개의 SSM이 입지해있다.

인천지하철 1호선에는 총 16개의 SSM이 입지해있다. 1차 역세권에 해 당되는 SSM은 6개이며 2차 역세권에는 10개가 포함된다. 1차 역세권에 SSM이 있는 역들은 작전역, 부평구청역, 원인재역, 지식정보단지역은 1개씩 입지하고 있으며 신연수역의 경우 2개의 SSM이 있다. 2차 역세권 의 경우 계양역, 신연수역, 원인재역, 센트럴파크역에는 1개의 SSM이 있고, 굴현역, 부평구청역, 인천시청역에는 각각 2개의 SSM이 영업중에 있다.

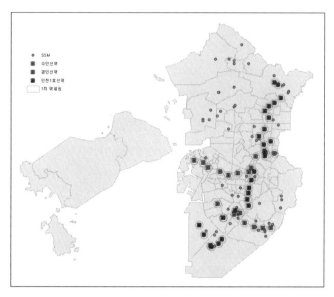

〈그림3-32〉 SSM의 1차 역세권

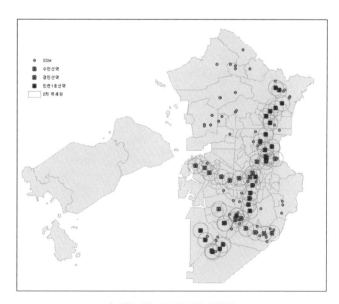

〈그림3-33〉 SSM의 2차 역세권

〈표3-30〉 주요 상업시설별 역세권

	1차역세권	2차역세권	계	총계
전통시장	16	14	30	54
대형할인점	7	11	18	28
SSM	13	21	34	64

　역세권에 해당되는 전통시장들은 주로 경인선 전철역의 역세권에 포함되는 경우가 많고, 대형할인점이나 SSM의 경우에는 그보다 인천지하철 1호선의 역세권에 포함되는 경우가 더 많다. 전통시장은 단독주택 중심의 주거지역에 입지하는 경우도 많지만 비율상으로 보면 역세권에 입지하는 비율도 크다.

　따라서 전통시장의 입지조건이 상대적으로 불리하다고만 판단할 수 없다. 입지가 갖는 이점은 주변개발상황의 변화에 따라서 유리하게 작용할 수도 있고, 불리하게 작용될 수도 있다. 구도심 지역은 추후 계속적으로 도시재생사업이 진행될 것이기 때문에 구도심의 역세권에 포함되는 시장들은 추후의 활성화에 있어 고려해야할 사항이다.

제4장

인천 전통시장의 쇠퇴

1. 중·동구의 시장들

1) 송현자유시장(양키시장)

　인천의 전통시장 중에서 현재 시장이 처한 상황과 시장이 보유하고 있는 시설의 미흡정도를 고려하여 노후도의 가능성이 큰 시장들을 방문하였다. 현재 시장의 관한 이야기들을 시장 상인과 상인회 그리고 주민들에게 들어봤다.

　인천 사람들 중에서 어림잡아 1980년대 초반에 태어난 사람들까지는 아마도 양키시장이란 이름을 기억할 것이다. 양키시장은 송현자유시장의 별칭이었다. 양키시장은 뉴욕양키스(Newyork Yankees)할 때 그 양키가 맞다. 원래는 북미의 백인남성을 가리키는 말이었으나 우리나라에서는 주로 미국사람을 의미한다. 중앙시장과 붙어있는 양키시장은 6·25전쟁이 끝난 후에 피난민들이 모여서 만든 시장이다. 이북에서 피난 온 이들이 만든 시장은 동대문의 평화시장처럼 의류를 취급하는 시장으로 출발하였다.

〈그림4-1〉 양키시장 입구(송현자유시장)

〈그림4-2〉 양키시장 내부 모습

양키시장은 아마도 인천에서 가장 어두운 시장이 아닐까 싶다. 시설현대화사업을 한 밝은 전통시장과 달리 양키시장은 시설현대화사업을 하지 않은 채 예전 그 모습 그대로 유지하고 있었다. 어쩜 낭만적으로 들릴지 몰라서 상술하자면 건물이 매우 노후 되어 있어, 오래된 흔적을 살피기 전에 과연 이 건물이 안전한가를 먼저 생각하게 한다. 각 상점들마다 조명을 밝히긴 했지만 채광이 거의 이루어지지 않아서 매우 어둡다.

처음 온 사람들은 아마도 시장 안으로 들어가기 쉽지 않아 보인다. 양키시장이라고 불리게 된 건 부평에 있는 미군기지인 캠프마켓의 영향이 크다. 1970년대부터 계속 장사를 해온 상인에 따르면 부평기지에서 나온 물건의 양이 엄청났다고 했다. 의류에서부터 생활필수품으로 쓰일 수 있는 모든 물건들이 양키시장에서 판매됐다고 했다. 80년대에 접어들면서 부평미군기지에서 나오는 물건들은 거의 없어졌는데, 인천항을 통해서 들어오는 수입 물건들이 대신 자리를 잡았다. 양키시장 안쪽에는 1평도 안 되는 작은 상점에서 할머니들이 수입커피며 화장품들을 팔고 계셨는데 이들은 시장이 잘되던 시절부터 지금까지 계속 자리를 지키고 있다.

> "내가 여기서 40년 수입품을 팔았어, 사진 찍지마. 아주 신경질이 나. 여기 사람들이 안 들어와요. 이런 시장을 누가 들어오려고 하겠어. 젊은 아가씨들이 여길 들어오려고 하겠어? 무서워하지. 저 안쪽까지 왔다가 다 사가곤 여기까진 안 들려. 내가 하루에 하나도 못 파는 날이 수두룩이야. 그냥 집에 있기 뭐하니까 나오는 거야. 이런 사진 찍는다고 이 시장이 살겠냐고. 사진기 꺼내지 말라니까. 사진기 좀 집어넣으라고!"

오랫동안 수입물건을 팔던 할머니들은 다른 시장에서 만난 할머니들과 달리 현재 시장의 모습에 분노하고 있었다. 할머니들은 대부분 70대 후반이었고, 이 중에서 가장 나이가 가장 많으신 분은 91세였다. 특히나 할머니들은 사진기에 아주 민감했다. 사진기를 들고 있지 않아도 사진기에 불이 들어와 있는 것만으로도 혹시 녹음이나 녹화가 되고 있지 않는가 계속 의심했고, 결코 사진 찍는 것을 허락하지 않았다. 지금도 다양하게 수입물건을 팔고 있는 부산의 명물인 국제시장과는 다른 모습이다.

수입잡화를 취급하던 이들의 매출이 급감한 것은 2000년 초반에 단행된 수입소화물규제의 영향이 크다. 중구 항동에 있는 제2국제여객터미널을 통해서 수입상들이 개인적으로 들여오던 물건의 제한량이 40kg에서 절반으로 줄어든 것이다. 이 경로를 통해서 할머니들은 주로 수입담배로 큰 수입을 근근히 이어갔었는데 이제는 그마저도 하지 못하게 됐다고 상인들은 전한다. 장사를 오래하신 분들과는 인터뷰를 할 수 없었고, 비교적 근래에 양키시장에 입점한 상인들과는 약간의 이야기를 나눌 수 있었다.

> "수입물건을 취급하는 곳이긴 한데, 요즘은 코스트코에서 못 사는 물건이 없잖아요. 그리고 다른 마트에서도 이제 수입커피 같은 것들은 대부분 들어와서 경쟁력이 거의 없어요. 근데 또 수입 잡화 코너이니 구색을 맞추려면 물건을 가져다 놔야 해요. 이것도 사실은 앞 이마트에서 사온 거에요. 없으면 간혹 찾으러 오는 분들이 있어요. 그래서 이문 없이 그냥 가져다 놓는 거에요. 덕분에 발품만 더 팔게 됐죠."

90년대 양키시장은 나이키나 아디다스 같은 유명브랜드의 모조품들, 소위 말하는 짝퉁을 파는 시장이었다. 나이키의 오래된 히트 상품인 에어맥스 초기모델들은 여기서 많이들 사 신었다. 필자도 중학교에 다니던 1990년대 초반에 친구들과 삼삼오오 몰려와서 그 신발을 사신고 다녔던 것으로 기억한다. 벌써 20년 전의 일이다. 미국 현지에서 더 이상 나이키

를 만들지 않고 나이키를 비롯한 스포츠용품 회사들이 세계 여러 나라에
서 OEM(주문자생산방식)으로 생산을 하면서부터 사람들도 더 이상 짝퉁
을 찾지 않게 됐다.

지금은 일반화된 브랜드이지만 90년대 당시에는 상당히 고급에 속했
었던 GAP란 브랜드가 있다. 당시 인천에는 GAP매장이 없었다. 그래도
인천에는 GAP모자를 쓰고 다닌 학생들이 거리에 정말 많았었다. 그 모
자들은 모두 양키시장에서 흘러나온 것이다. 지금은 양키시장에서도 그
모자를 찾을 수 없다. 더 이상 만들지 않기 때문이다.

〈그림4-3〉 양키시장 의류상가

양키시장에는 더러 대를 이어서 장사를 하는 상인들이 있었다. 이는
70~80년대 그만큼 장사가 잘 됐음을 반증한다. 천막에서부터 시작했던
양키시장은 자판이 만들어지고 가건물에 새로운 건물이 덮어지면서 지

금의 모습이 됐는데, 동인천역 북광장에 시장면적의 반 정도를 내어준 채 현재의 모습을 이루고 있다. 양키시장의 정식명칭은 송현자유시장이다. 송현자유시장이 다른 시장과 차이점이 있다면 주식회사 형태를 유지한다는 점이다. 각 상점들은 개별적으로 상점을 소유하는 것이 아니라 상점마다 시장의 주식을 소유하는 방식이다.

양키시장은 현재 건물안정도가 D등급이다. 곳곳이 낡았고, 비가 새고 붕괴의 위험까지 있다. 송현동 100번지는 동인천 도시재생사업 구역으로 지정되어 있다. 시장의 상인들은 시에서 돈이 없어서 사업을 하지 못하고 있다 전한다. 그러나 재개발이 이루어질 경우 시에서 직접 사업을 하는 경우는 없다. 결국 민간 시공사가 들어와서 이익이 날 경우에만 사업이 진행되는 특성상 당장은 재개발되기 어려워 보인다.

2) 화수자유시장

동구 화수 1·화평동에 위치한 화수자유시장은 1970년에 설립되었다. 동인천역에서 화평철교를 끼고 냉면골목을 지나 화평운교를 지나면 화수시장이다. 원래 시장자리는 성냥공장자리로 전해진다. 국내에 성냥산업이 도입된 것은 일제가 1917년에 설립한 지금의 동구 창영동(금곡동)의 조선인촌주식회사 성냥공장이 시초인 것으로 전해진다. 조선인촌주식회사는 해방 이후에 대한성냥주식회사가 되었고, 부두가 가까운 화수동에도 공장이 설립되어 운영되었다.

1960년대 공장이 이전 뒤에 들어선 화수자유시장은 수산물을 주로 공급하면서 꽤나 장사가 잘 되는 시장으로 전해진다. 화수동 일대는 피난민들이 유입 되서 주거지역을 형성한 지역으로 면적이 작은 지역지만 높은

인구밀도를 보이는 지역이었다. 현재는 시장입구와 도로주변에만 상점이
운영 중에 있고, 시장 내부에는 거의 영업이 이루어지고 있지 않다.

시장을 방문했던 날이 일요일이어서 영업을 하지 않는 것으로 알았으
나 영업을 하고 있는 상인의 이야기를 들으니 쉬는 날이 아니라 단 세
개의 점포 이외에는 영업을 하지 않는다고 했다.

"일요일이라고 쉬는 게 아니에요. 원래 이래요. 1년 365일이래요. 이 안쪽
에는 방앗간이랑 우리가게(신발가게)만 열어놔요. 그냥 열어 놓는거지. 장
사를 한다고 보기도 어렵지 뭐. 방앗간도 단골들만 가끔 오는거지 장사 잘
안될 거에요. 한 15년째 이러고 있어요. 선거할 때는 사람들이 가끔 오긴
와요. 선거할 때만 재개발 약속하지 선거 끝나면 오지도 않아요. 우리가
여기서 40년 넘게 장사했어. 시장 처음 생길 때부터 장사한거지. 그냥 기대
안 해요. 젊은 사람들이 여기에 들어오겠어요?"

〈그림4-4〉 화수자유시장 입구

〈그림4-5〉화수자유시장 내부

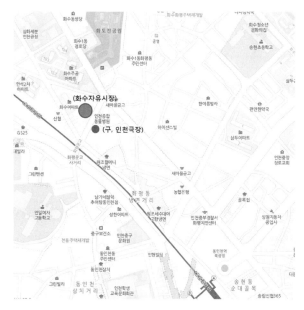

〈그림4-6〉화수자유시장과 구 인천극장의 위치

시장의 형태는 마름모꼴을 하고 있다. 외부에는 상가건물이 내부에는 철조된 기둥들이 설치되어 있어 빛과 비를 가릴 수 있게 되어 있다. 이 시설은 시설현대화사업을 한 다른 시장들보다 매우 노후했지만 반대로 더 앞서서 시설보수가 진행된 장사가 잘 되던 시기를 반영하는 흔적으로 볼 수도 있겠다. 실제로 화수자유시장은 1990년대 중반까지는 장사가 잘 됐다고 한다.

> "한 1992~1993년까지는 괜찮았어요. 사람 많이 왔지. 그런데 주변 집들이 다들 아파트가 되면서 사람들이 안와요. 젊은 사람들이 안 오고 이제 늙은 사람들만 오는거지. 방앗간이 지금은 하나만 하지만 원래는 세 개나 있었어요. 장사 잘 됐지. 우리 가게도 원래 저기까지 다 컸어요. 그런데 지금은 장사가 안 되니까 가게를 반으로 줄이고 방을 하나 들였어요."

화수자유시장은 도로변에 인접한 점포를 제외하면 시장 내부에는 두 개의 점포 한 개의 노점만이 운영 중에 있다. 점포로 사용되는 1층을 제외하면 나머지는 상가건물은 일반주거로 사용되고 있다. 상가주인의 말대로 시장 주변에는 아파트단지들이 꽤 있다. 이들은 1990년대 초반에 재개발된 것이다. 시장은 이들을 고객으로 유인하지 못했고, 지금은 노후한 주거기능만을 담당하고 있다. 화수시장 건너편에 지금은 영업을 하지 않는 인천극장이 있다. 인천극장은 2001년도에 문을 닫은 이후로 재건축 되어 다른 용도로 사용되고 있다. 사라진 인천극장 역시 화수자유시장의 전성기와 쇠퇴를 보여주고 있다.

2. 남구의 시장들

1) 재흥시장

남구는 인천에서 많은 인구와 시장을 보유하고 있다. 70년대에 본격적으로 개발된 남구는 단독주택 중심으로 주거지역이 형성되었다.

2000년대에 접어들면서 남구도 구도심에 포함되기 시작했다. 숭의동, 도화동, 용현동의 행정동들이 통합된 것이 이를 반영한다. 주안4동에 있는 재흥시장부터 가보자. 남구에서 가장 먼저 찾아간 재흥시장은 시장이라고 생각되지 않고 그냥 낡은 상가건물이었다.

〈그림4-7〉 남구 주안4동 재흥시장

〈그림4-8〉 재흥시장 내부

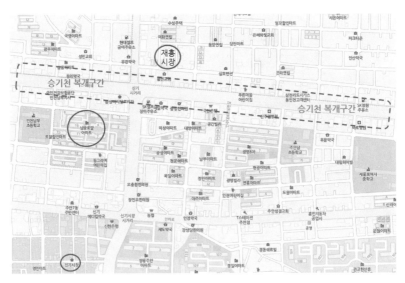

〈그림4-9〉 승기천 복개구간

　현재까지 남아있는 시장 중에서 가장 쇠락한 모습을 보이는 시장은 아마도 남구 주안4동에 있는 재흥시장이 아닐까한다. 2014년도에 방문한 재흥시장은 아직도 버스정류장 이름으로 사용되고 있고, 지역주민들에 의해서 재흥시장이라고 불리고 있긴 하다. 그러나 실제로 시장의 역할을 한다고 보기는 어려웠다. 건물 입구와 내부에서는 건물노후에 따른 위험경고 표지판에는 재난위험시설(D등급)이라고 표시되어 있어 건물의 노후도가 상당히 이루어지고 있음을 알 수 있었다.

　재흥시장은 1975년도에 개장했다. 점포수는 통계상에 점포수는 21개로 나오지만 향토대사전의 자료에 따르면 재흥시장개설 당시에 영업을 시작했던 상점의 수는 모두 48개로 나타났다. 재흥시장의 건너편 건물들도 모두 영업을 했고 시장 내부의 자판들도 모두 영업을 했기 때문에 실제로 시장이 운영이 잘 됐었던 1980년대에는 100여개의 상점이 운영됐었다고 전한다. 현재 실제로 운영되고 있는 재흥시장의 상점은 방앗간과 생선가게뿐이다. 재흥시장이 처음 생길 때부터 시장을 운영했던 사장님으로부터 시장의 옛날이야기를 들을 수 있었다. 재흥시장은 처음 만들어지고 1980년대 중반까지는 장사가 꽤 잘되던 시장이었는데 인접한 경쟁시장이었던 신기시장과 통일시장이 자리를 잡기 전이었고, 승기천이 복개되기 전이었다.

　　"승기천에 도로가 나기 전까지는 여기 손님들이 아주 많았어, 한 100집은 장사를 했을거야. 그때는 시장 건물 앞에 있는 주택가에 1층들도 모두 가게였거든. 도로가 나기 전까지는 신기사거리의 로얄아파트에 사는 사람들까지 모두 재흥시장에 와서 장을 봤지. 그런데 도로가 생기고 나니까 오히려 더 왕래하기가 어려워졌어. 그리고 신기시장이 근처에 아파트가 들어오기 시작하면서 시장이 더 커졌지. 그러면서 시장이 조금씩 쪼그라들기 시작했어. 1990년대 들어서 재흥시장 입구에 큰 마트가 들어왔어. 그러면 서 시장이 더욱 더 힘들어졌지."

승기천 복개공사가 완료된 것은 1985년이었다. 이후로 지금의 신기촌 사거리 이남의 지역과는 생활권이 분리되었다. 현재 재흥시장은 활기라 곤 찾아볼 수 없고 적막하다. 1층 상가 위에는 20여 가구가 살고 있는 것으로 알려졌다. 나머지는 비어있는 상태이다. 재흥시장도 재기의 움직 임이 아주 없었던 것은 아니다. 2006년 쇠락하는 시장을 되살리기 위해 서 인천 최초로 매월 3일과 8일 민속풍물 5일장을 도입하고 전통시장 쿠폰을 발행하는 등의 활성화를 시도하였으나 큰 주목과 관심을 끌지 못했던 것으로 알려져 있다. 주안2동과 마찬가지로 주안4동에는 재개발 을 추진하려는 움직임이 몇 년 전부터 일고 있는데, 주민들의 의견이 하 나로 통합되지 않고, 개발방식을 두고 인천시와 다소 입장차이가 있는 것으로 알려져 있다. 재흥시장 역시 주안4동 재개발구역에 포함되어 있 는데, 실제로 재개발이 이루어지기 위해서는 많은 시일이 걸릴 것으로 예상되고 있어 당분간은 현 상태에 머무를 것으로 예상된다.

〈그림4-10〉 재흥시장의 시설 노후도

〈그림4-11〉 재난위험시설 지정 안내

〈그림4-12〉 재흥시장 내부

〈그림4-13〉 재흥시장에서 영업 중인 생선가게

2) 숭의평화시장

남구 숭의아레나 옆에 위치한 숭의평화시장도 많이 쇠락해 있었다. 통계자료에 따르면 1971년도에 설립된 숭의평화시장은 상가 내에는 71개의 점포가 있다. 대로변 면해 있는 상가의 1층에는 일반상점과 공구 및 기계가공, 목공소와 같은 상점들이 주로 운영되고 있다.

이들은 숭의평화시장의 건물에 입지해 있지만 전통시장이라기 보다는 숭의로터리 일대에 입지해 있는 공구상가의 연속선상에서 이해하는 것이 더 바람직할 것이다. 시장의 내부인 상가골목으로 들어가면 자판은 텅 비어있고 2014년 현재 단 6개의 상점만이 운영되고 있다. 숭의평화시장 내부에 있는 터에서 노점들이 가득 찼다고 현재 영업을 하고 있는 생선가게 주인 할머니는 전한다.

"지금 이 시장이 이래뵈도, 여기 장사 잘 되던 시장이었어. 내가 여기 처음 생겼을 때부터 생선 장사를 했는데, 그때는 이 작은 시장에서 생선가게가 8개나 있었지. 파는 물건이 서로 다르지도 않았어. 그런데도 여덟 집 다 장사가 잘 됐어. 사람들이 무척 많이 왔거든. 1990년대 초반까지는 괜찮았지. 저 앞에 길 건너면 숭의깡도 있었고, 요 앞에 광해아파트에 원래 고추깡이 있었거든. 여기 평화시장은 그 덕을 많이 봤지. 그런데 고추깡이랑 숭의깡 다 구월동으로 옮기고 나서부터 여기 사람이 안와. 숭의평화시장에서 제일 큰 집이 경복상회라고 큰 잡화 하던 집이야. 그 집이 장사 안하면서 사람들이 더 안와 이제, 이 근처에 사람들도 안 오고. 물건 떼러야 맨날 연안부두에 나가기는 해. 아들 회사 봉고차 타고 다녔는데 이제 회사에 차 못 쓰게 한다고 해서 갈 때는 버스타고 올 때는 택시타고 다녀."

〈그림4-14〉 숭의평화시장 입구

〈그림4-15〉 숭의평화시장 내부

〈그림4-16〉 숭의평화시장 내부에 자판이 운영됐던 자리

〈그림4-17〉 숭의평화시장에서 영업 중엔 생선가게

생선가게 할머니가 언급했던 숭의깡과 고추깡은 모두 도매시장들이다. 숭의깡은 채소와 야채를 다루던 도매시장이었다. 고추깡은 아파트로 재개발이 되었고, 숭의깡은 현재 과일도매상으로 바뀌면서 그 세력이 예전만 못하다고 시장 주변의 사람들은 전한다. 숭의평화시장 관리사무소에서는 2014년 8월에 '7080 그땐 그랬지'라는 이름의 행사를 개최하면서 시장을 새롭게 만들려는 노력을 기울이고 있는 것으로 나타났다.

"나도 그거 한다고 들었어, 그거 하기 앞전으로 조금 시끄럽고 요란했어. 사람이 많이 오고 안 오고는 나는 몰라, 안 갔거든. 별로 관심도 없고 그렇게 한번 한다고 해서 이 시장이 나아지겠냐는거지. 여기 시장에 길바닥을 한번 보세요. 요즘에 이런 길이 어딨어. 요즘에 이런 시장이 어디에 있어. 사람들이 오고 싶어 하겠어?"

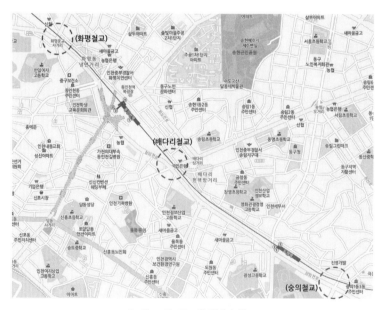

〈그림4-18〉 구도심 일대의 철교

보통 전통시장에서 시설을 개선하거나 활성화프로그램을 운영할 때 대부분 상인연합회를 중심으로 이루어지는 것이 보통인데, 이 시장은 관리사무소 차원에서 프로그램을 운영하는 것이 다른 시장들과 다소 다른 점이라고 할 수 있다. 상가건물 이외에는 대부분 일반 가정들이 거주하고 있는데 빈집들도 상당수 있는 것으로 나타났다. 관리사무소에서는 빈집을 지역예술가들의 작업실로 활용하여 쇠퇴한 시장기능 이외에 다른 방향으로 활성화방안을 모색하고 있는 것으로 알려졌다.

3) 숭의깡시장

인천은 인천역부터 동서로 경인선철도가 지나기 때문에 철도에 의해서 생활권이 크게 남북으로 갈려져서 형성되어 왔다. 철도가 지나는 길목 중에서 철로보다 지대가 낮은 지역은 인천 구도심의 주요한 길목이 될 수밖에 없었다. 그 길목들의 양어귀에는 시장들이 형성됐던 것은 자연스러운 일이다. 화평철교와 배다리철교 근처에는 중앙시장과 송현시장이 입지하고 있는 것도 이와 무관하지 않을 것이다. 숭의철교에도 숭의깡시장과 숭의평화시장이 있다. 앞서 언급한 바와 같이 고추깡은 광해아파트로 재개발됐고, 숭의깡시장은 현재 숭의청과물도매시장으로 현재도 영업을 이어가고 있다. 번성했었던 숭의깡시장의 이야기를 듣기 위해서 깡시장으로 향했다.

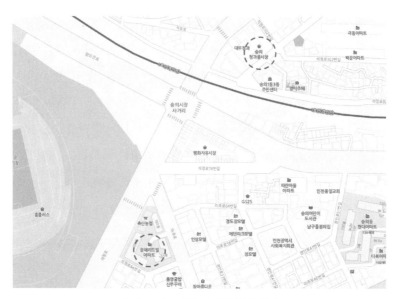

〈그림4-19〉 고추깡, 숭의깡시장의 위치

〈그림4-20〉 숭의깡시장 입구

숭의깡시장을 방문했을 당시는 오후였는데, 두 개의 소매상만이 문을 열었을 뿐, 다른 움직임은 찾을 수가 없었다. 처음에는 시장이 쇠퇴했기 때문에 그런 것이 아닐까 생각했으나, 시장에서 과일 운송업에 종사하시는 분께 좀 더 자세한 이야기를 들을 수 있었다. 오후 3시경이 시장이 한산한 것은 이 시장이 도매시장이기 때문이었다. 숭의깡시장은 도매시장이기 때문에 새벽 1시경부터 영업 준비를 하고 대부분의 구매자들은 4~6시 사이에 모여든다고 한다. 아무리 늦어도 오전 11시에는 그날의 영업이 종료되기 때문에 한산하다고 한다.

한참 영업이 이루어질 때의 숭의깡시장을 보지 못했지만 겉에선 본 모습은 활성화되어 있다고 보기는 좀 어려웠다. 과거에 비해서 숭의깡시장이 어떻게 변했는가에 대한 이야기를 듣고 싶어 주변 상인들을 만났다. 숭의깡시장의 도로변에는 현재 두 개의 소매상이 영업 중에 있다. 그 중에서 1980년대 초부터 과일가게를 운영하는 아주머니를 만날 수 있었다.

"맞아요. 여기는 과일·야채 도매시장이었어요. 1990년대 초반까지는 정말 장사가 잘 됐어요. 도매시장이기도 했지만 다른 일반 시장에서 파는 물건들도 모두 팔았어요. 도로쪽으로는 과일도매시장들이 있었고, 시장 이쪽(북쪽을 의미함)으로는 일반 상점들이 많았죠. 과일 도매하는 사람들을 모아서 숭의청과라고 불렀어요. 도매상들이요. 시장이 쇠퇴한 것은 숭의청과가 구월동에 생긴 농산물센터로 이전하면서 부터에요. 숭의청과가 구월동으로 이전한 것은 1997년 정도 기억 되요. 1997년부터 한 3년부터 그러니까 2000년 초반까지는 장사가 괜찮았어요. 수십 년 동안 도매시장을 했던 곳이어서, 숭의깡이 이사 갔다는 소식이 퍼지는 데까지 3년 정도 걸린거죠. 2000년 지나서부터 급격하게 장사가 안 되기 시작됐어요. 모두들 농수산물센터로 가니, 이쪽으로는 사람 유동이 아주 줄어든거죠. 숭의깡이 잘 될 때에는 여기도 장사가 잘됐어요. 1990년대 초반까지 장사가 그럭저럭 잘 될 때에는 하루에 매출이 50~60만 원 정도 됐어요. 그때는 우리집 아저씨랑 교대로 장사를 했죠. 오전에 아저씨가 나와서 한 2~3시까지 하고 그 이후에는 밤까지 제가 하고 그런 식으로요. 지금은 굳이 둘이 하지 않아도 돼서 나만 나와서 해요. 지금은 하루에 20만원 팔기 어려워요."

"시장이 잘 될 때에는 시장 건너편에 금융기관이 4개나 있었어요. 경기은행도 있었고, 마을금고도 있었는데 지금은 하나도 없잖아요. 지금 가게가 월세예요. 여기 월세가 30만원인데 이제는 이 월세 내기가 부담스러워졌죠."

숭의동에 있던 두 개의 도매시장이 구월동으로 이전하면서 이 지역의 전반적인 활기가 사라지게 된 셈이다. 현재 과일도매를 하고 있는 상인들은 배다리 부근의 일명 문화청과라고 불리던 도매상들이었다. 문화청과라고 불리게 된 것은 청과시장 앞에 문화극장(추후에 피카다리 극장으로 이름을 변경했고, 지금은 오피스텔로 재개발되어 더 이상 극장으로 사용되지 않는다)이 있었기 때문이다. 현재 문화청과라고 불리는 도매상은 총 8개가 영업 중에 있다. 구월동에 위치한 인천농수산물센터는 동인천역, 숭의동의 도매상인들이 새롭게 개발된 지역으로 진출하고자 만든 것이다. 또한 숭의철교 사거리의 교통 혼잡으로 시장을 이용하는데 있어 매우 불편했다는 측면도 존재한다. 결과적으로 구월동 농수산물센터는 이 지역의 도매기능을 이전시킴으로써 구도심의 상업기능을 한층 약화시켰다. 어쩜 숭의평화시장은 그 결과물일지도 모른다.

과일도매시장의 흔적은 동인천역 부근 인현동에서도 찾을 수 있다. 지금은 채미전로라고 표시되지만 인천에 오래 거주한 사람들은 참외전이라고 부르는 곳, 동인천역에서 배다리철교 사이는 일제강점기부터 청과물시장이 유명했던 곳으로 전해진다. 이곳에는 인천청과물시장주식회가 있어서 도매시장으로도 그 이름이 높았는데, 1990년대 말에 모두 이 지역을 떠나갔다. 현재는 서너개의 과일도매상들만이 영업을 하고 있어, 100년 된 과일시장의 흔적을 지켜주고 있다. 시장상인들에 의하면 현재 주차장 자리에 도매시장이 있었고, 이들 중에 일부는 부평구 삼산동에 있는 과일도매시장으로 일부는 구월동에 있는 농수산물시장으로 이전했다고 한다.

〈그림4-21〉 숭의깡시장 내부

〈그림4-22〉 채미전 거리의 과일상들

〈그림4-23〉 동인천 청과도매시장 뒤편

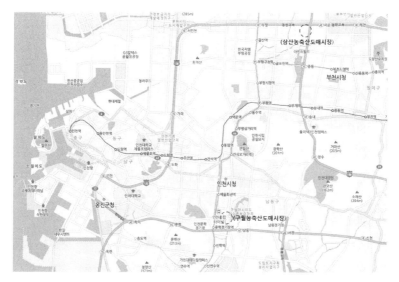

〈그림4-24〉 구월·삼산동에 위치한 농축산물도매시장

4) 주안자유시장

주안자유시장은 1972년도에 설립됐다. 현재는 30여 곳 정도만 영업
중에 있다. 가로변을 낀 상점들만 운영하고 있으며 내부에 자판은 이미
떠나간 지 오래다. 주안자유시장도 1980년대 중반까지는 무척이나 장사
가 잘됐다고 그는 전한다.

"1980년대 초반에는 버스가 모두 이쪽으로만 다녔어요. 신기촌쪽으로 다
니는 버스가 지금 모두 시민회관 앞쪽으로 다녔다고 생각하시면 되요. 더군
다나 그때는 이 앞에 공장들이 있어서 사람들이 많이 살았거든 금성연마,
승일제관, 안일제관 같은 회사들이 그땐 주안2동에 있었거든, 원래 주안2동
동사무소 자리에도 공장이었어, 그래서 그 주변에 공장 다니는 사람들 대부
분이 이용을 많이 했어. 공장들이 이전해가면서 시장도 같이 약해졌지."

〈그림4-25〉 주안2동 주안자유시장 입구

　주안자유시장은 주안2동에서 하는 재개발사업에 같이 묶여 있다. 재개발사업이 몇 년째 진행되지 않고 있다. 따라서 보수나 증축이 현실적으로 어렵다. 예전에 상점들이 많았을 때에는 상인회 활동도 활발했으나 지금은 활동이 거의 없는 상태이다. 상인회가 없는 것은 아니지만 시장 자체가 많이 죽어있다 보니까 단합해서 시장을 보수하자는 움직임 같은 것은 없다고 시장상인들은 전한다. 상인들은 대부분 2층에서 거주하고 있다. 주안자유시장은 주안2동의 중앙에 가깝게 위치한다. 구 시민회관 사거리가 지나는 경인로에서부터 약 800m정도 들어가야 한다. 들어가는 입구까지는 길가에 모두 상점으로 구성되어 있는데, 자유시장이라는 간판이 없다면 사실 주변의 상점들과 큰 차이점이 발견되지 않는다. 그만큼 시장이 쇠락한 것이다.

〈그림4-26〉 주안자유시장 외부 상가

〈그림4-27〉 주안자유시장 내부

〈그림 4-27〉은 주안자유시장의 내부이다. 길가에 접해 있는 상점들만 운영되고 있고 안에 자판은 모두 비어있다. 이제 사용되지 않은지 몇년이 되었다. 안에는 주로 거주용으로 쓰이고, 시장 반대편에는 주로 식당이나 창고로 이용된다. 시장 내부에서 정상적으로 운영되고 있는 집은 사진 왼쪽에 천막으로 쌓인 생선가게뿐이다.

5) 제물포시장

제물포시장은 제물포역 삼거리에서 남쪽으로 그러니까 예전에 주인선 철도가 있는 방향으로 걸어 들어가면 만날 수 있다. 1974년에 개설된 제물포시장은 1990년대 중반까지만 해도 매우 번성했던 시장이라고 남아 있는 시장상인들은 전한다. 특히나 올림픽이 할 때쯤인 1980년대 말은 남구 일대 제일가는 시장이라고 이 지역에서 오랫동안 물건을 거래해 온 주민들은 한결같이 입을 모은다. 제물포시장은 제물포란 지명이 들어가서 제물포역과 관련이 있을 것 같지만 제물포역세권과는 무관하다고 할 정도로 자체적으로 장사가 잘 되던 시장이었다. 현재는 그 모습이 믿기지 못할 정도로 쇠락한 상태로 있다.

"1990년대 후반이 되면서 시장의 시설을 개보수하자는 목소리가 상인들 사이에서 나오기 시작했지. 1997년도에 중소기업청에서 재래시장 육성사업이란 것을 시작했는데, 그때 우리시장도 선정됐었지. 그때 사업비가 50억 정도인가 그래. 시설을 개선하는 것이 아니라 거의 재건축을 하는 것에 가까웠지. 그런데 문제는 거기서 시작됐어. 이주비 때문에 상인들끼리 의견이 갈렸거든. 그래서 이주비를 받은 상인들은 시장을 떠났고, 이주비를 받지 않은 이주비와 재건축에 불만이 있었던 상인들은 그 자리에 남아서 계속 장사를 하고 있는거야. 더러 길가에 새로 들어온 사람들이 있지만 대부분은 계속 장사를 하던 사람이라고 보면 될 거야."

제물포시장은 'ㅁ'자 형태의 상가 건물로 된 시장이다. 이 시장에는 101개의 점포가 있었고, 가운데는 60개나 넘는 노점과 자판이 있었다고 한다. 시장의 재건을 위한 1997년도의 시도가 실패하면서 현재까지 쇠락한 상태로 남아있다. 1997년 당시 제물포시장 재개발할 때의 상황을 간략하게 보면 이주비와 신탁상의 시행착오로 인한 시행사의 부도 때문이었다.

"이주비를 받은 사람들은 사실 장사해서 돈을 많이 번 사람들이에요. 좀 전에 이야기한 것처럼 이 시장이 무척 잘 됐던 시장이에요. 20년 동안 장사에서 돈 못 벌고 나간 사람들이 별로 없어요. 그래서 크게 미련을 두지 않았어. 정이야 들었지. 20년 넘게 장사한 곳인데, 그래도 경제적으로 여유가 있으니 여기 재개발을 하려면 시간도 걸리고 여러 가지 상황이 복잡했거든. 그래서 그냥 시장이 잠시 스톱된 김에 장사를 그때 접은거죠. 나간 사람들은."

재개발을 하기로 하고 떠나는 상인들에게 이주비를 지급하기 위해서는 시행자가 먼저 금융권에 신탁을 하고 이주비를 지급하는 것이 일반적이라고 한다. 그래야 실질적인 사업을 진행할 수 있기 때문이다. 그러나 제물포시장은 이 순서가 거꾸로 진행됐다. 당시 제물포시장을 재건축하기로 한 시행자는 서울의 한 새마을금고에서 신탁을 했는데, 이주비를 먼저 지급한 상태였기 때문에 시행자는 실제 공사가 들어가기도 전에 이 과정에서 발생하는 이자를 감당하지 못하고 부도를 냈다. 시장은 부도가 나고 활력을 잃어갔다. 시장 안에 있던 자판과 노점상들은 시장 밖으로 나와서 제물포역쪽으로 영역을 확대해 나갔다. 그래서 제물포역

앞에 있는 제과점을 지나면 바로 시장이 시작된다는 느낌마저 든다. 이
는 저녁시간이 되면 더욱 더 확실해진다.

　2010년경에도 제물포시장을 재개발하기 위한 시도가 있었다고 한다.
공탁금 3억을 걸고 사업을 시도했으나 부동산경기와 시장 내부의 상황으
로 인해서 사업자는 3억 원의 손해만 보고 시장재개발에서 철수한 상태
이다.

　현재 제물포시장의 상가건물은 노후하기도 했지만 상당부분 파손되었
는데 이는 마지막 재개발 진행 당시 이주비를 받은 상가를 중심으로 일부
철거가 되었기 때문이다. 이 철거는 쇠락해가는 제물포시장에 을씨년스
러움을 더했다.

〈그림4-28〉 제물포시장임을 알려주는 버스정류소

"이주가 끝난 상점들을 장비를 가지고 와서 헐더라고, 이때 비어있는 집들인데다가 단체로 막을만한 움직임도 없었고, 실제로 막을 힘도 없었어. 그래도 이건 잘못 된 거야. 부신 데는 사람들이 살고 있지만 아직도 영업을 하는 집들이 있는데, 그리고 봐서 알겠지만 부분적으로 파손이 되니까 훼손되는 정도가 더 심해지잖아."

2011년 강형철 감독이 당시 관객 700만 명을 동원한 히트작이었던 영화 '써니'를 보신 분들은 어쩜 제물포시장의 사진이 익숙할지 모르겠다. 영화 초반부에 여고생들끼리 패싸움을 벌이는 장면이 있는데 그 배경이 되는 낡은 건물이 바로 제물포시장이다. 영화에서 봤을 땐 반가웠지만 오랜만에 가본 풍경은 사실 조금은 안타까웠다. 이주에 찬성했던 주민들과 이주를 반대했던 주민들 간에 직접적인 갈등은 없었던 것으로 확인됐지만 어색한 것도 사실이라고 상인들은 전한다. 건물은 이미 파손이 됐고, 15년째 재개발 실패의 후유증만이 남아 있다. 과거 자판이 있었던 곳은 주차장이 되어 버렸고 입구에는 횟집의 천막이 쳐진 채 안마당처럼 이용되고 있다.

현재 제물포시장은 재래시장 관련된 자료와 지표에서도 빠져 있는 상태이다. 정상적인 시장이 운영되지 않고 있다고 판단한 것이다. 시장건물의 상당부분이 파손된 상태이기 때문에 개보수를 통한 운영은 힘들다고 생각한다. 그러나 이주비를 받고 나간 상인들의 수가 남아있는 상인들의 수보다 더 많기 때문에 새로운 상인회 조직이나 활성화를 위한 동력을 구상해 낼 수 있을지에 대해서는 근심스런 마음마저 든다.

〈그림4-29〉 파손된 제물포시장

〈그림4-30〉 제물포시장 내부

6) 제일시장

남구 도화1동에 위치한 제일시장은 1969년에 설립된 시장이다. 주안 삼거리에 매우 많은 인구 덕분에 장사가 잘 되던 시장이었다. 그러나 1991년까지 제일시장 근처에 있던 남구청이 현재의 숭의동 구, 인천교육 대학 부지로 이전하면서 서서히 쇠퇴하기 시작하였다. 현재 시장은 시설 현대화사업이 진행되지 않은 노후한 상태로 남아 있다. 시장이 설립된 지가 40년이 지났음에도 추가적인 활성화사업이 진행되지 않았다. 시장 에서 오랫동안 장사를 해온 상인의 이야기를 들어보자.

> "시장상인들끼리 모임이 없는 건 아니에요. 정기적으로 모여요. 그런데 시장에 관한 이야기를 하지는 않아요. 그냥 그러자고 한 것은 아니고 자연스 러워졌어요. 일종의 그냥 친목모임이죠. 다른 시장들이 여러 가지 사업을 하고 있는 건 저도 많이 들어서 알고 있죠. 10년 전쯤에 그런 움직임이 있을 때 같이 했어야하는데, 그땐 다 같이 장사가 안 되서 마음의 여유가 없었어 요. 지금은 그냥 각자 장사를 하고 사람들이랑 친목만 다지고 그래요."

〈그림4-31〉은 제일시장의 내부전경이다. 제일시장은 곱창골목으로 도 유명하다. 지금도 곱창집이 여러 집 모여 있으나 예전에 비해서 많은 사람들이 찾지 않는다고 한다. 시장 내부에는 대부분이 영업을 하고 있 으나 유동인구는 그렇게 많지 않다.

〈그림4-31〉 제일시장 입구

〈그림4-32〉 제일시장의 노후한 내부시설

3. 부평구의 시장들

1) 부평자유시장과 양키시장

부평지역은 1940년에 행정구역상으로 인천에 편입되기 전까지 독자적인 생활권을 구축해왔다. 이는 계양산, 천마산, 원적산, 만월산 등으로 둘러싸인 부평분지라는 자연지리적 조건의 영향으로 지금까지도 인천지역과 비교적 뚜렷한 생활권을 형성하고 있다. 따라서 부평지역 전통시장의 흥망성쇠는 부평지역만의 향토사와 지역변화의 맥락 속에서 살펴 볼 필요가 있다.

먼저 언급될 부평자유시장의 형성은 한국전쟁 이후에 들어선 일명 양키시장을 그 배경으로 한다. 양키시장은 전후 산곡동 일원에 자리 잡은 군기지(캠프마켓)의 보급창에서 흘러나온 군수품이 유통되던 곳이다. 현재 부평 문화의 거리 뒷골목에 해당되는 장소로 지금은 그 흔적을 찾아보기란 쉽지 않다. 그럼에도 불구하고 양키시장은 지금의 부평역 일원에 자리 잡은 부평 전통시장들의 기원지로 평가된다. 이후 70년대까지 캠프마켓을 등에 업고 활발한 상거래가 이뤄졌던 양키시장은 80년대 들어서면서 전술했던 동인천의 양키시장과 마찬가지로 크게 쇠퇴하고, 그 끝자락에 부평자유시장의 이름으로 명맥을 겨우 이어갔다. 그러나 부평자유시장 역시 인근의 부평종합시장의 급성장과 함께 그 입지가 매우 좁아졌고, 급기야 90년대 들어 조성된 부평 문화의 거리로 인해 고객층의 연령대가 대폭 젊어짐에 따라 판매 상품의 다변화를 겪어야 했다. 현재 소수의 잡화와 모사품(이미테이션 도매)을 취급하는 가게만이 남아 있을 뿐이다. 부평자유시장은 사실상 인근의 문화의 거리나 종합시장의 상권에 흡수되어 독자적인 전통시장으로서의 기능을 거의 잃었다고 볼 수 있다.

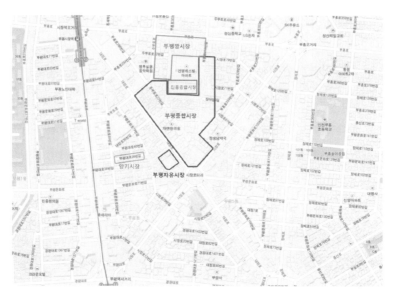

〈그림4-33〉 부평역 주변 전통시장들의 위치

〈그림4-34〉 부평 자유시장 골목

2) 부평종합시장

지금의 부평역 북쪽에 위치한 부평시장 로터리를 기준으로 서쪽으로는 양키시장과 부평자유시장이 형성되었고, 비슷한 시기에 북쪽에는 부평깡시장을 필두로 부평종합시장과 진흥종합시장 등이 차례로 들어섰다.[1] 이 중에서 부평종합시장은 단일 규모로는 부평지역 최대의 전통시장이다. 특히 8~90년대에 최대의 전성기를 맞은 부평종합시장은 청과물 중심의 부평깡시장과 건어물이 주요 거래 품목인 진흥종합시장과 달리 찬거리를 비롯한 각종 일상용품을 모두 취급하는 이름 그대로 종합시장이다. 그러나 여느 전통시장의 사정과 마찬가지로 2000년을 전후하여 인근에 대형할인점이 차례로 입점하고, 특히 십여 년 전부터 우후죽순으로 출점한 기업형 슈퍼마켓으로 인해 상인들이 체감하는 매출의 감소폭은 더해졌다. 아래는 현재 수산물을 취급하면서 2년째 시장의 상인회장을 맡고 있는 윤氏의 의견이다.

"90년대는 말할 것도 없고 한 십년 전까지만 해도 늘 사람들이 북적댔어. 그런데 주변에 아파트나 빌라들이 생기는 곳 마다 족족 큰 기업 슈퍼(기업형 슈퍼마켓)들이 따라 들어서는 거야. 원래 우리 시장이 여기에 사는 사람들뿐만 아니라 십정동이나 간석동에서까지 장보러 왔었거든. 그런데 이제 그럴 일은 없지. 젊은 사람들이 그럴 필요가 있나. 그리고 원래 버스정류장이 요기 로타리 시장 앞에 원래 있다가 몇 년 전에 저쪽으로(약 200m 북쪽) 옮겨버리

---

1) 부평종합시장과 부평깡시장의 기원은 명확하지 않다. 공식적으로는 1950년부터이나 일제강점기 시대에 부평역 일대가 개발되고 유동 인구가 늘어나며 자연발생적으로 사람들의 이동로를 따라 노점들이 우후죽순처럼 들어서며 골목시장이 형성되었다고 기록하는 문헌이 있지만(문상범 외, 2006), 인터뷰 결과 현재 종사 중인 상인들은 근대적 의미의 전통시장의 모습을 갖춘 건 1950년대 이후로 보고 있다.

니까 원래 정류장에서 시장으로 들어오는 골목이 다 죽어버렸어. 거기가 사실 우리 시장 입구인데. 그만큼 대중교통하고 연결성이 중요하다는 말이지."

현재 부평종합시장은 시설 현대화 작업이 어느 정도 진척이 되었거나 계획 중에 있다. 시장 공영주차장이 운용 중에 있고, 아케이드도 시장 전체는 아니지만 부흥로 316번 길을 중심으로 설치되었다. 이는 진흥종합시장과 부평깡시장을 이어주는 통로이기도 하다. 그러나 상인회장은 아직 갈 길이 멀다고 말한다.

"우리 시장이 규모는 커 보일지 몰라도 소소한 면이 너무 부족하거든. 젊은 사람들이나 우리 시장에 처음 온 사람들이 좀 편하게 다니려면 일단 대문(입간판)도 있어야 하고, 그래야 여기가 시장인 줄 알지. 지금은 저기 큰 도로에서 보면 시장이 있는 줄도 몰라. 그리고 그 뭐냐 큰 화면으로 가게 안내도 필요하고(터치스크린 방식의 가이드 맵). 그럴려면 우리 시장도 장기적으로는 지금 이것저것 잡다한 물건들을 다 취급하는데 이걸 종류별로 좀 구분해서 공간분배를 다시 하고, 그래야 장 보는 사람도 더 편하고, 비슷한 물건이 몰려 있으면 장사도 더 잘되지. 근데 그게 쉽지 않은 게, 아케이드만 해도 원래 요 사무실 뒤쪽 골목도 다 설치하려고 했지만, 건물주가 한명이라도 반대하면 그게 안 되거든."

"여기 건물주들도 지금은 다들 칠십 넘은 양반들이고 다 여기 잘 될 때 장사해서 돈 벌어놓은 사람들이었는데, 지금은 입장이 바뀌니까… 아마 뭐 제대로 돌아가려면 우리 세대가 다 죽고 나면 가능할 거야. 재밌는 게 구청은 시장이 더 잘 안 돼야 지원하기 때문에, 여기 지하상가 가보면 얼마나 잘 되 있나. 요즘 거기는 아주 북적북적해"

　그럼에도 상인회장은 얼마간의 시장에 대한 자조적인 전망을 뒤로하고, 실제로는 인근의 전통시장들이나 구청의 관계자들과 활성화 방안을 구상하고,2) 성공적으로 안착한 전통시장들을 두루 답사하는 등 시장의 활성화를 위한 노력을 멈추지 않는 모습이다.

〈그림4-35〉 폐업의 위기에 처한 상점들(부평종합시장 내)

---

2) 부평역 시장로터리 북쪽에 자리 잡은 전통시장들(부평종합시장, 진흥종합시장, 부평깡
시장)은 시장 간의 경계가 가시적으로 불분명한 만큼 서로 인접해 있으나, 각기 다른
상인회가 운영되고 있다. 그러나 일반적으로 시장을 이용하는 고객들은 이들 모두 부평
시장으로 통칭하여 인지하고 있는 만큼, 이웃한 시장들이 느슨한 형태로나마 공동의
협의체를 구성하여 주변의 여건 변화에 대응하고 공동의 고객을 유치하기 위한 노력이
요구된다. 실제로 상인회의 통합이 수년전부터 논의되고 있으나 여전히 제자리걸음이
다. 이는 시장의 취급 품목과 유통패턴의 차이에서 오는 시장의 독자적인 기능이 서로
다른 까닭도 있으나, 무엇보다 이해당사자들 간의 미묘한 입장 차이를 좁히지 못하는
것이 주요 원인으로 지적된다.

〈그림4-36〉 주말임에도 한산한 시장(부평종합시장)

3) 갈산시장과 청천시장

〈그림4-37〉 갈산시장의 입구

부평구 갈산동 주부토로 262번길에 위치한 갈산시장은 갈산사거리 북
동쪽의 다세대 주택가를 따라 길게 형성되었다. 갈산동은 1960년대 이후
부평공단의 조성과 함께 인구가 급격히 증가하고 대규모 택지가 개발되
면서 시장의 형성도 자연스러운 현상이었다. 마을 지명의 유래에서도
유추할 수 있듯이 한 때 갈산시장에는 칡을 파는 곳이 많았다고 한다.[3)
그러나 1995년에 시장에서 반경 200m 지점에 대형할인점인 이마트 부
평점이 입점(이는 인천 최초의 대형할인점 출점이기도 하다) 하면서 급격한 쇠
락의 길을 걷게 되었으며, 지금은 전통시장으로서의 경관과 기능을 거의
상실하고 말았다. 공식적으로 90여개의 점포들이 시장의 범위 내에 영업
중이라고는 하나 과일가게를 운영 중인 한 상인의 말에 따르면 일부는
점포를 정리하였고, 명목상 상인회가 조직되어 있으나 본인을 비롯해
가입하지 않은 상인이 많다고 한다. 외관상으로 보기에도 이곳이 과연
전통시장인지 인지하기 어려울 정도로 동네 전체가 쇠퇴한 모양새다.
갈산사거리에서 동쪽 약 100m 지점에 설치된 입간판으로나마 육안으로
시장의 위치를 파악할 수 있었다.

한편, 한국GM 부평공장의 서쪽 청천동과 산곡동 경계 일원에 자리
잡은 청천시장의 사정도 비슷하다. 청천시장은 본래 1981년에 태호산업
주식회사에서 청천종합상가를 점포를 분양한 것에 출발하였으나, 상당수
의 점포가 문을 닫고, 지금은 그보다 오히려 남쪽의 뫼골놀이공원 주변에
몇몇 상가 건물들과 노점상들이 들어서며 시장의 모양새를 갖추고 있다.
이는 과거 대우부평공장(현 한국GM공장)과 산곡동, 청천동의 주거지역 사
이에 위치하여 직장인들이 이동하는 주요 경로에 위치한 까닭이다.

---

3) '갈산(葛山)'이라는 지명은 지금의 부평정수장 자리에 있던 산 이름으로 칡이 우거져
   칡 갈(葛)자를 써서 갈산이라 불리어졌다고 한다.

그러나 이마저도 다른 종합시장의 사정에 비해서는 열악하고 상인들의 영업 지속기간도 매우 짧은 것으로 파악된다. 다음은 약 십여 년간 과일과 야채가게를 운영 중인 한 상인의 말이다.

> "여기는 사람들이 계속 바뀌어. 내가 십년동안 있었는데 아마 나보다 오래 여기서 장사한 사람 거의 없을걸. 바로 요 옆집 식당만 해도 2년 전에 들어왔지. 시장상인회? 에이. 여긴 그런 거 없어. 가게가 계속 바뀌는데 그런 게 무슨 소용이 있어. 딱히 시장이라고 말하기도 뭐한 게 동네 사람들은 여기를 도깨비시장이라고 해."

주민들과 상인들로부터 도깨비시장이라고 불려 진 이유는 첫째는 정해진 바 없는 여러 종류의 물건을 다양한 형태로(도산매, 방매 등) 질서 없이 거래되는 시장임을 의미하고, 둘째는 인근 주민들이 일몰 후 유난히 어둑한 시장 길을 유희한 것에서 비롯된다. 청천시장은 시장으로서 모습을 채 갖추기도 전에 인접한 주거지역의 슬럼화와 함께 음산한 분위기를 연출한다. 인근 5개 지역(청천1~2 주택재개발, 산곡4~6 주택재개발)의 재개발 지정은 청천시장의 현재와 미래를 짐작케 하는 대목이다.

〈그림4-38〉 슬럼화가 진행중인 청천시장 인근의 주거 경관

〈그림4-39〉 청천시장(일명 도깨비시장)

4. 남동구의 시장들

1) 만수시장

만수동 868-8에 위치한 만수시장은 1985년에 설립된 시장이다. 소유주가 분리되어 있으나 만수시장 옆으로는 만수쇼핑센터와 호림상가가 인접해 있어서 거대한 상업지역을 이루고 있다. 만수시장 주변은 만수주공아파트 단지와 시장 뒤편으로도 넓은 단독주택지역을 배후지로 하고 있기 때문에 2000년대 중반까지 상당히 잘 되던 시장이었다고 시장 상인들은 전한다. 그러나 현재 만수시장은 아케이드도 설치되어 있지 않고, 노후한 시설을 보이고 있었으며 활력이 다소 떨어져 있는 상태였다. 시장에 대한 상인들의 이야기를 들어보면 다음과 같다.

> "2000년 넘어와서도 잘 되던 시장이었어요. 이 시장이, 근데 저기 토지공사가 재개발을 한 이후로는 장사가 안 되요. 그땐 하꼬방 사람들이 무척이나 많았어, 죄다 내려와서 여기서 물건 사갔지. 그런데 아파트가 재개발되고 나면서 앞뒤로 큰 마트가 두 개나 들어온 거야. 그러면서 여기는 일절 넘어오지가 않지. 우리 시장도 원래 지붕 칠라고 했어, 아마 인천에서 가장 먼저 할라고 한거였을걸? 자재까지 여기 싣고 왔는데 건물주들이 반대했어요. 아마 시장 가운데 가면 기둥이 남아있을걸요?"

만수시장은 다소 쇠퇴한 모습을 보이지만 상인회도 조직되어 있고, 실제로 시설현대화사업을 인천시와 추진한 경험도 있었다. 만수시장은 상가 건물로 만들어진 게 아니라 여러 건물이 사이에 있는 소방도로에 만들어진 시장이었다. 지금도 밤에는 가운데에 있는 노점들은 말끔히 도로에서 비워야한다. 문제는 상가건물이 아니기 때문에 아케이드를 설

치할 경우 2~3층에 있는 다른 상가들을 가리기 때문에 건물주들이 이를
계속 반대한다는 것이다.

만수시장 입구와 후문에는 만수쇼핑센터라는 상가건물이 있었는데,
이 상가건물들은 재건축과정에서 여러 번 부도를 겪으면서 10년째 방치
되고 있어 시장의 쇠퇴가 가속화된 느낌을 주었다. 정문에 있는 만수쇼
핑센터의 경우 1층에는 전통시장의 기능을 수행하였는데, 현재는 영업
을 하고 있지 않은 상태이다. 이 건물 역시 재개발과정에서 시행사의 부
도 이후에 10년째 방치되고 있다.

만수시장 뒤편에는 만수시장의 주 고객이었던 대규모 단독주택지구가
있었는데, 2000년대 중반에 현재의 아파트단지로 재개발되었다. 2003년
이후에 철거 이후 3년간 공사가 진행되고 있지 않다가 2009년에 완공되
었다. 철거된 이후부터 약 7년간 만수시장을 찾는 손님들이 뚝 끊어졌다.
이들은 대부분은 모래내시장이 있는 인근지역으로 이주했기 때문이다.
재개발 이후에 더 많은 인구가 유입됐음에도 불구하고 만수시장은 오히
려 쇠퇴하고 있는 역설적인 모습을 보이고 있다.

〈그림4-40〉 만수쇼핑센터

〈그림4-41〉 만수시장 내부

〈그림4-42〉 재개발된 만수시장 주변

◆ 제5장 ◆

전통시장 활성화를 위한 정책과 사례

1. 전통시장 활성화를 위한 제도와 정책

　본 절에서는 전통시장 육성을 위한 정책과 이를 실현하기 위한 법적 근거를 살펴보고자 한다. 전통시장 육성의 중요성에 관한 인식은 시장에서 종사하고 있는 상인이 30만 명이라는 사실과 서민들의 고용·생업의 원천이라는 점에서 출발한다. 이러한 전통시장의 고용적 측면에 더하여 지역의 오랜 정서가 베여 있는 장소성, 주택가 인근에 입지하여 이용이 편리하다는 점, 저렴한 가격과 농산물 유통의 핵심적 역할을 하고 있다는 점을 들 수 있다.[1) 나아가 전통시장의 육성을 통해 지역상권의 활성화와 유통산업의 균형 있는 성장을 도모함으로써 국민경제 발전에 이바지하기 위한 궁극적인 목표가 있다.

　전통시장의 육성정책은 1996년부터 재개발·재건축을 위한 융자사업으로 시작되었고, 2002년 이후에는 '중소기업 구조개선과 재래시장 활성화를 위한 특별조치법'을 통하여 시장 재개발·재건축의 동의특례, 용적률특례, 도시계획결정특례 등을 허용하고 나아가 물리적 시설의 현대

---

1) 중소기업청, 「재래시장 활성화 지원정책」, 2005.

화를 위한 자금지원을 시작하였다. 이러한 노력의 결정체로 2005년 3월 '재래시장 육성을 위한 특별법'이 제정되었으며, 2010년 '전통시장 및 상점가 육성을 위한 특별법'으로 변경되어 현재에 이르고 있다.

내용적인 측면에서 전통시장 활성화를 위한 정책들은 시설의 현대화 및 환경개선과 같은 하드웨어 측면, 상거래의 현대화와 시장(상인)의 경영기법의 현대화와 같은 소프트웨어 측면, 대형할인점의 입점 및 영업시간의 규제 등과 같은 외부 요인의 통제 등으로 나눠 살펴 볼 수 있겠다.

1) 시설의 현대화 및 환경개선

전통시장의 노후시설, 주차장미비(또는 부족), 편의시설 부족 등 전반적인 물리적 시설의 낙후가 소비자가 전통시장을 외면하는 가장 큰 요인으로 지적되고 있다. 이에 따라 '전통시장 및 상점가 육성을 위한 특별법(약칭 : 전통시장법)' 제20조 등에서는 시설현대화사업의 명목으로 시장건물 또는 시설물의 보수와 같은 시설개선과 아케이드(비가리개), 주차장, 화장실, 진입도로, 전기·가스·화재 등 안전시설물, 관광·테마거리 조성과 같은 환경개선 등을 제시하고 있다.

또한 국공유지문제 및 전주이설 등과 같은 시설현대화사업에 주요 장애요인이 될 수 있는 사항에 대한 지원책을 제시하고 있다. 일례로 정부와 지방자치단체는 시설현대화사업을 추진할 때 시장 시설을 국유지 또는 공유지에 직접 설치하게 하거나 이를 당해 시설부지의 용도로 제공할 수 있고, 기초단체장은 시설현대화사업 추진에 장애가 되는 도로의 전주를 이동하고자 할 때 필요한 비용을 시설현대화사업의 주체와 전기사업자가 50/100의 비율로 부담하도록 한다.

2) 상거래 및 시장경영의 현대화

전통시장의 물리적 환경개선만으로는 시장의 경쟁력이 복원될 수 없다는 인식아래 동법 25~30조에서는 경영현대화를 촉진하고 있다. 우선 전자상거래와 신용카드결제 도입, 판매시점 정보관리 시스템의 도입, 통신수단을 이용한 주문 및 시장 간의 정보화 네트워크 구축 등 상거래현대화를 위한 비용지원 및 보조를 제시하였다. 또한 상인이 시장의 활성화 및 거래비용의 절감을 위하여 상품·상표·포장지의 개발 및 디자인의 개선, 공동구매 및 공동물류·배송체계의 구축, 온누리상품권의 발행 및 공동판매장의 설치 등 공동사업의 활성화를 위한 지원 및 보조를 명시하였다.

그 밖에 경영현대화나 정보촉진 등에 필요한 교육·자문 및 시장 활성화를 위한 전문 인력 양성을 위한 비용을 지원하고, 시장 안에 있는 빈점포를 시장상인과 지역주민의 교육·행사 등을 위한 장소, 고객안내시설이나 편의시설 또는 공동 작업을 위한 장소, 지역특산품의 홍보 또는 전시판매를 위한 장소, 상거래현대화 시범점포를 위한 장소 등으로 활용할 수 있도록 하였다.

3) 시장상인회 및 시장경영지원센터의 설립

전통시장법에서는 상인의 자율적 단체인 상인회 조직을 유도하고 더나아가 상인회의 시장 활성화를 체계적으로 돕기 위한 시장경영지원센터의 설립을 규정하고 있다. 먼저 시장에서 사업을 직접 영위하는 상인은 시장상인회와 상인연합회를 자율적으로 설립할 수 있고, 상인연합회는 다수의 시장과 상인이 참여하는 공동사업을 수행할 수 있다.

한편, 시장 활성화사업의 체계적 지원을 위하여 중소기업청장이 시장경영지원센터를 설치 및 운영할 수 있고 ① 시장정비사업 및 시설현대화사업 등에 대한 자문 및 용역, ② 상인에 대한 경영 및 상거래 현대화, ③ 정보화 등 선진 유통기법에 대한 교육 및 상담, ④ 시장경영개선을 위한 상담 및 지도, ⑤ 시장 활성화를 위한 조사 및 연구 수행, ⑥ 그 밖에 마일리지 쿠폰 발행, 축제, 고객유치행사, 경품 등 다양한 고객창출 및 확대를 위한 이벤트를 지원하는 정책들을 제시하고 있다.

4) 대형할인점의 영업 규제

전통시장의 활성화를 위해 대형할인점 또는 기업형 슈퍼마켓(SSM)의 영업 규제와 같은 외부적 요인을 통제하는 방법도 여론에서 주목하는 주요 정책이다. 이는 유통산업발전법 및 대·중소기업 상생협력 촉진에 관한 법률을 통해 실행되고 있는데, 먼저 대형할인점 및 SSM 등과 같은 대규모점포의 출점을 제한하는 법안이 최근에 개정되어 시행되고 있다.

유통산업발전법 제13조에 따르면 대규모점포를 개설하거나 전통상업보존구역에 준대규모점포를 개설하려는 자는 영업을 시작하기 전에 산업통상자원부령으로 정하는 바에 따라 상권영향평가서 및 지역협력계획서를 첨부하여 특별자치시장·시장·군수·구청장에게 등록하여야 하고, 해당 지자체장은 대규모점포의 위치가 전통상업보존구역에 있을 때에는 등록을 제한하거나 조건을 붙일 수 있다. 전통상업보존구역의 지정은 지자체의 조례로 규정되며, 인천 또한 이에 관한 조례가 지정되어 있다 (표5-1).

〈표5-1〉 인천시 전통상업보존구역 지정에 관한 조례

자치 단체	조례명	재/개정 시기
중구	인천광역시 중구 전통상업 보존구역 지정 및 대규모·준대규모 점포 의 등록제한 등에 관한 조례	2011년
동구	인천광역시 동구 전통상업 보존구역 지정 및 대규모·준대규모 점포 의 등록제한 등에 관한 조례	2011년
남구	인천광역시 남구 전통상업 보존구역 지정 및 대규모·준대규모 점포 의 등록제한 등에 관한 조례	2011년
연수구	인천광역시 연수구 대규모 점포 등의 등록 및 소상공인 지원에 관한 조례	2011년
남동구	인천광역시 남동구 전통상업 보존구역 지정 및 대규모·준대규모 점포 의 등록제한 등에 관한 조례	2011년
부평구	인천광역시 부평구 전통상업 보존구역 지정 및 대규모점 등의 등록제 한 등에 관한 조례	2011년
계양구	인천광역시 계양구 전통상업 보존구역 지정 및 대규모·준대규모 점포 의 등록제한 등에 관한 조례	2011년
서구	인천광역시 서구 전통상업 보존구역 지정 및 대규모·준대규모 점포 의 등록제한 등에 관한 조례	2011년

출처 : 이권형(2011)

　　또한 대형할인점 및 SSM에 대한 영업시간 등을 제한하는 정책을 들 수 있는데, 이는 대규모점포 등과 중소유통업의 상생발전을 위한 필요성에서 비롯되었다. 구체적으로 유통산업발전법 제12조에서 각 지방자치단체장은 오전 0시부터 오전 10시까지의 범위에서 영업시간을 제한하고, 매월 이틀을 의무휴업일로 지정하여야 한다. 의무휴업일은 공휴일 중에서 지정하되, 이해당사자와 합의를 거쳐 공휴일이 아닌 날을 의무휴업일로 지정할 수 있도록 하고 있다.

2. 전통시장 활성화를 위한 실천

1) 문화관광형시장 육성사업

기존의 전통시장 활성화 정책과 관련된 사업들은 아케이드 설치, 주차시설 확보, 상가건물개량 등 물리적 측면이 중요시된 시설현대화사업에 중점을 두어왔다. 전통시장의 물리적 시설을 개선하는 일은 전통시장 활성화에서 중요한 부분이긴 하나 전통시장이 보유하고 있는 지역적 특성을 고려하지 못한다는 단점이 있었다. 또한 공동기반시설 위주의 일률적 지원에 따른 전통시장 활성화의 한계에 대한 목소리도 높아졌다.

이러한 한계를 극복하기 위해서 2008년 3월부터 전통시장과 지역이 보유하고 있는 문화관광자원과의 연계를 고려한 전통시장 활성화 방안이 구상되기 시작되었는데, 이것이 문화관광형시장 육성방안이다. 전통시장이 보유하고 있는 역사·문화적인 소재와 인근 관광자원을 연계를 통해서 전통시장을 단순히 상품을 구매하는 장소가 아닌 일정기간 체류할 수 있는 콘텐츠를 즐길 수 있는 공간으로 탈바꿈을 시도하였다. 문화관광형시장은 2008년 4개의 시범시장 지정을 시작으로 현재까지 97개가 운영되고 있으며 2017년까지 150개의 시장 육성을 목표로 하고 있다.

전통시장을 문화관광형시장으로 육성하기 위해서 중소기업청과 소상공인시장진흥공단(구, 시장경영진흥원)에서 지원하고 있는 내용은 크게 시장특성발굴·개발, 관광자원개발, 시장 자생력 육성강화로 나눌 수 있다. 시장의 특성발굴과 개발에는 시장고유의 스토리텔링, 먹거리, 즐길 거리, 볼거리 등을 체험할 수 있는 공간을 조성하는 내용이 주를 이룬다. 시장에서 판매할 수 있는 특산물에 대한 브랜드화와 문화관광콘텐츠에 대한 개발지원을 전통시장이 관광자원을 보유할 수 있도록 한다. 전통시장의 자생력을 강화하기 위한 방안에는 상인들의 동아리 육성, 공동브랜드 개발, 수익모델창출을 위한 마케팅, 컨설팅, 홍보지원 등의 내용들이 포함되어 있다.

　이와 같이 문화관광형시장의 지원 내용은 매우 다양하다. 모든 시장이 이러한 지원을 받을 수 있는 것은 아니다. 가장 중요한 것은 지원을 받을 수 있는 주체가 일정한 조직을 구성하고 있어야 한다. 가장 기본적으로는 상인회이며, 상인들이 조성한 협동조합이나 법인, 일정한 법적 요건을 갖춘 시장관리자 등 사업을 직접적으로 수행할 수 있는 사업주체를 보유하고 있어야 한다.

〈표5-2〉 연도별 문화관광형시장 지정현황

연도	문화관광형 지정시장	개수
2008	인천송현시장, 부여시장, 강릉주문진시장, 제주동문시장	4
2009	대구불로전통시장, 영주풍기 인삼시장, 보성5일장, 전주동문·풍납문 상점가, 울산중앙상가	6
2010	부산자갈치시장, 인천신포시장, 춘천중앙낭만시장, 온양전통시장, 울주남창시장, 옹기종기시장, 광주양동시장, 여수교동시장, 서귀포매일올레시장	9
2011	부산구포시장, 수원팔달문시장, 속초관광수산시장, 단양구경시장, 진주중앙유등시장, 금산시장	6
2012	부산남항시장, 현풍시장, 평택중앙시장, 곡성기차마을 전통시장, 충주자유·무학시장, 공주산성시장, 정읍샘고을시장, 제주시민속오일장, 거창시장, 현풍백년도깨비시장, 영해관광시장, 죽도시장연합(포항), 정선아리랑시장, 평창올림픽시장, 목포종합수산시장, 서울약령시장, 평택국제중앙시장	18
2013	강화풍물시장, 신기시장, 구리전통시장, 양평물맑은시장, 발안만세시장, 광명시장, 광장시장, 남대문시장, 암사종합시장, 청천·괴산시장, 역전한마음시장, 영동전통시장, 법동·송촌시장, 논산강경젓갈시장, 성환이화시장, 서산동부전통시장, 남원공설시장, 무주반딧불시장, 대인시장, 나주목사고을시장, 여수수산물특화시장, 제주서문공설시장, 동래시장, 부평깡통시장, 삼천포용궁수사시장, 진해중앙시장, 계림시장연합, 김천황금시장, 안동구시장, 하양꿈바우시장, 우하하횟성한우시장	31
2014	인천서구중앙시장, 인천용현시장, 역곡북부시장, 영동시장, 아현시장, 돈암제일시장, 진천전통시장, 세종전통시장, 보령중앙시장, 고산시장, 부안상설시장, 송정매일시장, 강진읍시장, 제주중앙지하상가, 골드테마거리(부산), 서동전통골목시장, 울산번개·야음상가시장, 남해전통시장, 상남시장, 가은아자개시장, 구미중앙시장, 북평전통시장, 양전통시장	23

문화관광형시장은 유형에 따라서 문화접목형시장, 관광접목형시장, 국제명소시장으로 나눌 수 있다. 문화접목형시장은 지역이 보유하고 있는 놀이, 풍속 등의 콘텐츠와 연계를 시도한 시장이다. 전통시장의 내부 공간을 활용하여 지역문화를 상징하는 공연들을 연출하고, 더 나아가 상설공연장을 구성하여 시장 내에서 지속적인 공연과 행사가 진행되는 것을 목표로 한다. 대표적인 예는 정선아리랑시장과 수원의 팔달문시장을 들 수 있다.

관광접목형시장은 지역의 관광, 공예품, 특산품과 연계된 시장을 의미한다. 지역의 유적, 관광자원, 특산품 등을 전통시장과 접목시키기 위해서 시장 내에서 지역의 특화산업을 체험할 수 있는 체험관을 유치하거나 실제 산업차제를 유치하는 전략을 갖고 있다. 특산품을 활용하여 인근 관광지의 관광객을 유인할 수 있도록 관광코스에 시장투어를 포함하는 방안도 관광접목형시장 육성방안에 포함된다.

국제명소형시장은 넓은 의미로는 관광객을 주 대상으로 한다는 점에서 관광접목형시장과 유사하나 그 대상이 외국인이라는 점에서 차별성이 있다. 국제명소시장은 부산의 자갈치시장이나 인천의 신포시장과 같이 높은 인지도를 바탕으로 외국인 방문을 유인하기 위해서 우리나라의 민속식품과 체험장 등을 신설하고 외국인 방문객들이 선호하는 상품들을 주로 구매할 수 있는 매장들을 설치하는 것을 주 내용으로 하고 있다. 2014년 소상공인시장진흥공단에서 제시한 문화관광형시장의 주요 내용들을 정리하면 〈표5-3〉과 같다.

〈표5-3〉 문화관광형시장 유형별 구분

유형	구분	사업내용
문화 접목형	정의	지역놀이, 풍속 등 무형 콘텐츠와 연계된 시장 사례 : 정선아리랑시장, 수원팔달문시장
	육성전략	지역의 역사, 공예, 놀이, 토속풍속 등 문화와 연계육성
	핵심사업	① 지역 문화를 대표하는 특화공연 ② 상설공연장 설치 등
관광 접목형	정의	지역관광, 공예품, 특산품과 연계된 시장 사례 : 서귀포매일올레시장, 단양구경시장 등
	육성전략	지역의 유적, 관광자원, 특산품 등 관광과 연계육성
	핵심사업	지역 특화산업 유치 및 체험관 설치 운영 인근 관광지 여행객을 유인할 수 있는 시장 투어 실시
국제 명소형시장	정의	인지도 향상으로 외국인 방문이 잦은 전통시장 사례 : 부산자갈치시장, 평택국제중앙시장 등
	육성전략	외국인선호상품, 서비스 등 다양한 콘텐츠와 연계 육성
	핵심사업	① 외국인이 선호하는 상품, 서비스 등 콘텐츠 개발 ② 다문화가정 국제식품 판매시설 구축 등

출처 : 소상공인시장진흥공단, 2014, 14p.

2) 온누리상품권의 도입

일상생활에서 필요한 물건을 구매할 때, 결제수단으로 신용카드를 사용하는 것이 일반화된 요즘 전통시장에서는 신용카드의 이용이 용이하지 않은 경우가 많아 전통시장의 문제점으로 계속 지속되어 왔다. 전통시장의 활성화를 위해서 이는 앞으로도 계속적으로 해결하고 개선해야 할 과제이다.

전통시장의 활성화 차원에서 온누리상품권은 추가적인 결제수단으로 2009년 7월에 발행되었으며 발행자는 중소기업청과 소상공인시장진흥공단이다. 온누리상품권은 1만원권과 5만원권 두 종류로 구성되어 있고,

전자상품권으로도 이용할 수 있으며 연간 300억 정도 발행된다. 중소기업청에서는 2017년까지 약 1조 5천억원 정도를 발행할 계획을 갖고 있는 것으로 알려져 있다.

온누리상품권은 현재 전국 전통시장 내 6,000개의 매장에서 사용할 수 있으며, 상품권의 구매는 우체국, 수협, 새마을금고, 전북은행, 광주은행 등 12개 시중은행에서 구매할 수 있다. 2014년에는 농협도 온누리상품권을 취급하기 시작했으며, 대규모 은행인 신한은행, 국민은행 등과도 현재 온누리상품권의 취급을 협의중이다. 전통시장에서 온누리상품권의 이용은 강제사항은 아니며 기본적으로 상인회조직이 성립되어 있지 않은 시장에서는 사용할 수 없다. 이에 더해 서울시는 2015년부터 전통시장에서 티머니를 사용할 수 있도록 시범시장을 지정해서 운영할 예정이다. 티머니 사용 시범시장은 마포구의 망원시장, 강동구의 길동시장, 관악구의 신원시장, 도봉구의 신창시장, 서대문구의 영천시장, 성북구의 정릉시장이다. 그동안 전통시장 내에서 수수료 부담으로 인한 신용카드사용에 대한 거부감이 다소 컸으나 이를 방지하기 위해서 서울시는 카드수수료의 70%을 부담하기로 하였다.

3) 인천의 전통시장 활성화 방안

인천시는 '활기차고 신명나는 전통시장' 육성이라는 목표아래 다양한 전통시장 활성화방안을 마련하고 있다. 그중에 몇 가지 주요한 사업들을 중심으로 소개하고자 한다. 전통시장을 활성화하기 위한 정책들은 특화시장 육성사업, 시설현대화사업, 경영현대화사업으로 구성되며 세부 항목으로는 특화시장 육성사업에는 지역별 특화사업, 문화관광형시장 육성, 시설현대화사업에는 주차장과 아케이드 설치 등, 경영현대화에는 배송센터 설립과 전시회 추진 등이 포함된다. 총 사업비는 115억 원이며 국비는 54억 원, 시비는 23억 원, 군·구비는 34억 원, 상인들의 자부담은 3억 원이 소요된다.

　지역별 특화사업으로는 중구에서는 신포국제시장의 러시아특화거리 조성사업, 동구 현대시장에서는 미래고객 전통시장 체험학습, 남구의 신기시장은 공항 및 인천항 관광객 팸 투어 등 각 구마다 특색 있는 시장을 조성하기 위한 프로그램들이 추진 중에 있다. 특색 있는 시장 만들기와 시장 고유의 특성을 살리기 위하여 전통시장 브랜드 및 디자인 새로 입히기 사업도 추진되고 있는데, 이는 다른 시장이 시행하고 있는 브랜드와 슬로건을 벤치마킹하여 도입하였다.

〈표5-4〉전통시장 육성 총사업비

(단위 : 백만원)

구분	사업별	계	국비	시비	군·구비	자부담
계		11,546	5,453	2,370	3,415	308
특화시장 육성	지역별 특화사업 추진	2,191	160	325	1,615	91
	문화관광형시장 육성	1,082	541	200	341	－
시설 현대화	주차장·아케이드 등	7,837	4,702	1,459	1,459	217
경영현대화	배송센터·전시회 등	436	50	386	－	－

출처 : 2014년 인천광역시 주요 업무계획. 61p.

〈표5-5〉지역별 특화사업 추진

지역별	특화사업	비고
중구	'러시아 특화거리' 조성 등	신포국제시장
동구	미래고객 전통시장 체험학습	현대시장
남구	공항 및 인천항 관광객 팸 투어	신기시장
연수구	U-Smart 마케팅 활성화 사업	옥련시장
남동구	문화형 야시장 조성 추진	모래내시장
부평구	청년창업 성공 모델 발굴	부평로터리 지하상가
계양구	어린이 시장견학 프로그램 실시	병방시장
서구	특가상품판매 온라인쇼핑몰 운영	서구중앙시장
강화군	장터형 가족캠핑 프로그램 운영	강화풍물시장

출처 : 2014년 인천광역시 주요 업무계획. 61p.

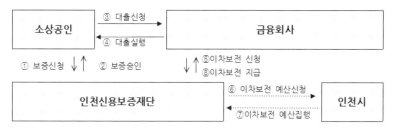

〈그림5-1〉소상공인 특례보증 운영방안

이외에도 전통시장에서 영업하는 상인들의 경영여건 개선을 위한 대책
들도 주목할 만하다. 첫째, 대규모점포와 SSM의 급증하는 유통환경에
대응하기 위해서 대규모점포와 골목상권 간에 상생협력구축 방안도 마련
된다. 이를 위해서 사전 자율조정[2]을 추진하고 대형할인점의 마케팅 지

---

2) 인천광역시 업무자료에 따르면 2013년에 인천에서 대형할인마트와 전통시장 간에 분쟁
  은 12건이 발생하였는데, 이중에서 7건은 해결한 것으로 나타났다.

원 등의 노하우전수, 상생협의체구성, 농축산수산식품에 매장면적 40%
이하 구성 등의 상생발전방안을 모색 중에 있다.

둘째, 전통시장의 상인들을 위한 금융지원방안이다. 전통시장 상인들
에게 이차보전[3]을 해주는 소상인공 특례보증제도를 운영한다. 2014년부
터 약 2,500~3,500개의 점포를 대상으로 38억 원의 예산을 들여 시행하
기로 하였다. 이를 통해서 대출 금리의 2.5%를 지원해주며 업체당 최대
2천만 원까지 지원된다. 이 사업은 인천신용보증재단을 통해서 위탁운영
된다.

3. 인천 전통시장의 활성화 사례

인천의 전통시장들은 빠르게는 1990년대 중반부터 늦게는 2000년대
접어들면서 대부분 상권 약화와 매출액의 감소를 겪게 되었다. 전통시장
의 상인들은 이러한 위기상황을 극복하기 위해서 현재 다양한 활성화
방안들을 시도하고 있다. 이에 몇 가지 사례들을 소개하고자 한다.

1) 용남시장

남구 용현1·3동에 위치한 용남시장은 1975년 용남개발주식회사가 건
축한 상가건물에서 출발한 시장으로 용현시장이나 신기시장에 비해서
규모가 크지 않은 전형적인 골목시장이었다. 용남시장은 2000년에 접어

---

3) 국가가 특정한 정책을 시행할 때, 그 목적을 달성하기 위해서 특정 부분에 저리의 자금
을 지원할 경우, 조달하는 금리와 대출금리간에 차이가 있을 경우 중앙정부나 지방정부,
해당기관에서 이에 대해서 보전해주는 것을 뜻한다.

들면서부터 쇠락하는 기미가 보이기 시작했는데 2007년을 기점으로 상
인회를 조직하고 시장 활성화를 위한 방안들을 모색하기 시작하였다.
현재 용남시장 상인회장의 말을 들어보자.

> "용남시장은 골목시장이었어요. 크지 않았지. 그래서 다른 큰 시장이나
> 마트에 영향을 많이 받았어요. 제가 30년 전에 여기 처음 들어왔는데, 2000년
> 이후부터는 더 했지. 자판이 있던 자리에 사실 큰 슈퍼마켓을 하려고 서너
> 번 들어왔는데, 잘 안 되서 나갔어요. 그래서 2000년에 상인회를 만들고
> 인정시장으로 등록을 받았어요. 그 덕분에 중소기업청의 지원을 받을 수 있
> 었어요. 원래 용남시장은 지금 시장의 중앙로에 있는 상가들이 메인이 아니
> 고, 이 안쪽에 자판들이 중심이 된 'ㄷ'자 형태의 작은 시장이었죠. 그리고
> 길가에는 상점들이 조금 있었는데 이 길가에 있는 상점들을 시장의 메인이
> 되게 만들었죠. 상인들이 연합해서 골목시장으로 더 확장하고 그때 면적도
> 늘었어요. 중소기업청이랑 시장경영진흥원의 도움을 받아서 지금의 아케이
> 드도 설치한 거에요. 2007년에 총 사업비는 20억이었고, 상인들의 자부담비
> 율은 10%였어요. 현재 용남시장에는 모두 100개의 매장이 있고, 이 중에서
> 75개의 상점이 가입되어 있죠. 시설을 개선한 이후에는 매출액이 그래도
> 한 10%정도 상승했다고 느껴집니다."

용남시장의 활성화를 위해서 현재 용남시장의 자판이 들어섰던 시장
동편의 공터에 자동차 24대를 주차할 수 있는 주차장을 건립할 예정에
있다. 또한 수유실, 카페 등의 편의시설도 건립하여 소비자들의 편의를
도울 예정이다. 시장 활성화 측면에서 용남시장은 지역의 특성을 잘 활
용하고 있었는데 용남시장이 있는 용현1·3동은 인천의 다른 동에 비해
서 외국인 비율이 높다는 특징이 있다. 이들은 외국인 노동자들보다 주
로 인하대에서 수학하고 있는 외국인 유학생들이었는데, 이들은 용남시

장에서 주로 식재료를 구매하는 것으로 알려졌다. 용남시장에서는 이들
을 위해서 다문화가정과 유학생을 위한 음식 시연회를 개최하고 있었다.

> "예전엔 인하대에 다니면서 자취하는 학생들이 많이 왔었어요. 그런데
> 이제는 후문에도 상권이 안정된 지가 꽤 됐잖아요. 그래서 그런지 자취하는
> 학생들은 별로 넘어오는 것 같지 않더라구. 그런데 몇 해 전부터 외국인들이
> 많이 와서 물어보니. 유학생들이더라고, 유학생들이 여기까지 살아요. 그래
> 서 다문화가정을 위한 음식행사를 하고 있어요. 추후에는 다문화가정에서
> 많이 쓰는 식재료를 더 많이 공급할 계획을 갖고 있습니다. 그럼 다문화가정
> 에도 도움이 되고 용남시장에서 판매하는 상품도 다양해질 수 있으니까요."

〈그림5-2〉 용남시장 내부모습

〈그림5-3〉 용남시장에서 개최된 다문화 요리축제(출처 : 인천in(2014.11.1.))

2) 용현시장

용현시장은 2014년에 문화·관광형시장에 선정되어 시장 활성화를 위한 다양한 사업을 구상 중에 있다. 그렇다고 그 전에 용현시장의 활성화를 위한 노력이 없었던 것은 아닌데, 대표적으로 2011년부터 사회적 기업인 '최고의 환한 미소'가 활동해오고 있다. 용현시장은 규모가 큰 까닭에 구조적으로 두 개의 시장으로 구분되어 있었다. 시장지원센터에서는 시장이 두 개로 분리되지 않고 하나의 시장으로 통합하기 위한 프로그램을 구성 중에 있다.

용현시장은 남구에서 많은 인구가 거주하는 숭의동과 용현동을 배후지역으로 한다는 점에서 과거부터 남구에서 꽤 유명한 시장이었다. 그러나 세월이 흐르면서 주변지역은 노후화되기 시작했고, 이제는 원도심이라고 해도 무방해졌다. 용현시장이 과거보다 침체된 이유다. 대부분의

전통시장은 단순히 물건만 사고파는 공간이었을 뿐 이외의 다른 활동들
은 찾아보기 힘들었다. 최근 용현시장에서는 이러한 기본적인 상행위
외에도 시장에서 '와서 보고 즐기고 놀고먹는 시장'으로 탈바꿈하기 위해
서 다양한 프로그램을 도입하고 있다.

시장으로 이용객을 유인하기 위해서 인천시의 지원을 받아 스포츠센
터를 운영 중에 있고, 지역문화센터를 통해서 다양한 인문교양 및 레포
츠 교실을 개최하고 있다. 인천을 찾는 관광객들에게 용현시장으로 소개
하기 위해서 인천시티투어 버스의 코스에도 용현시장을 추가시켰다. 이
용객들의 편의를 증진하기 위해서 카페와 지원센터를 시장 내에 설치하
여 쇼핑 이외의 편의시설을 제공하고 있다.

이용객들이 전통시장을 이용할 때 끊임없이 제기했던 전통시장용 상
품권 사용과 신용카드문제는 상당부분 해결한 것으로 보인다. 용현시장
에는 250개의 상점이 있는데 전통시장에서 사용할 수 있는 상품권인 온
누리상품권4)의 경우 모든 상점에서 사용할 수 있다. 또한 전체 상점에서
신용카드를 사용할 수 있는 비율도 약 87%에 육박해 소비자의 편의를
도모하고 있다.

---

4) 전통시장의 수요를 진작시키기 위해서 발행하는 상품권으로 2009년에 발행되어 사용
되기 시작하였다. 그전에도 전통시장을 위한 상품권은 시도된 바가 있었으나 주로 해당
지자체에서만 사용될 수 있다는 한계가 있었다. 온누리상품권은 가맹된 전통시장에서는
전국적으로 사용될 수 있다.

〈그림5-4〉 용현시장 스포츠센터

〈그림5-5〉 용현시장 지원센터

〈그림5-6〉 용현시장에서 방송을 진행하는 모습

용현시장에서는 각 상점에서 물건을 파는 것 이외에 시장 자체의 시설을 이용하여 새로운 수입을 창출하는 사업을 시도하고 있는데, 바로 시장에 아케이드 일부를 이용하여 태양광발전소를 사업을 진행 중에 있다. 태양광발전소는 2015년 5월에 완공될 예정이며, 생산된 전력은 전량 전력거래소에 판매되는데 이를 통해서 1년마다 1억 3천만 원의 수익을 올릴 것으로 시장지원센터에서는 예상하고 있다. 이는 우리나라 전통시장 중에서 최초로 시도되는 사업이라고 한다.

필자가 시장을 직접 방문했을 당시, 인상 깊었던 것은 시장 전체에 라디오방송이 흘러나오고 있었다는 것이다. 용현시장에서는 일주일에 4회에 걸쳐 하루에 2시간동안 시장 라디오가 방송된다. 두 명의 DJ가 일주일에 두 번씩 방송을 진행하고 있었는데, 인터뷰가 진행되는 와중에도 상인들이 자신이 듣고 싶은 신청곡을 듣기 위해서 사무실에 방문하는 모습을 볼 수 있었다. 용현시장은 시장 주변의 지역주민들과 소통을 위해서도 많은 노력을 기울이고 있었는데, 시장주변의 고령거주자들을 위한 김장담그기 행사와 65세 이상 고령자들에게는 장수사진(영정사진)을 찍어서 제공하고 있으며, 장학금 지원사업인 '희망공모 프로젝트'를 운영 중에 있다.

3) 신포국제시장

신포시장은 인천에서 가장 높은 인지도와 지명도를 자랑하는 전통시장이다. 가까운 거리에 있던 주변의 중앙시장과 달리 시장 내부는 밝고 낮 시간에도 많은 사람들이 오가며 물건을 사고 있었다. 대부분의 전통시장이 상인연합회를 중심으로 해서 시장의 시설개선이나 활성화사업을 추진한다면 신포시장은 신포시장지원센터라는 중구청의 지원을 통해 형성된 사업단에 의해서 시장 활성화 사업이 진행되고 있다.

신포시장지원센터는 중소기업청에서 주관하는 문화관광형시장사업의 프로그램을 기획하고 있다. 2010년 당시 12억 원의 지원금을 받아 현재까지 매년 새로운 시도를 통해서 신포시장의 활성화를 구상 중에 있다. 신포시장은 명칭이 신포국제시장으로 변경됐는데 이는 시장을 이용하는 소비자들 중에 외국인 관광객이 증가했기 때문이다. 외국인 관광객의 증가는 인천도시공사와 한국공항공사와 관련이 있다. 인천도시공사에서는 관광프로그램 안에 신포국제시장을 연계하는 프로그램을 운영하고 있어 현재 많은 수의 외국인 관광객들이 시장을 방문하고 있다.

〈그림5-7〉 신포국제시장 입구

〈그림5-8〉 신포국제시장 지원센터

신포국제시장에서는 관광객 이외에도 비즈니스차원의 우리나라를 방문하는 외국인들을 대상으로 하는 프로그램도 진행했다. 동대문에 의류사업 때문에 방문하는 중국인들이 매우 많은데 신포시장에서는 동대문의 원단제조사 5개소를 입주시켜 원단상인과 중국도매상들을 연결하는 시도를 하기도 했다. 단순한 연결이 아닌 신포시장에서 일정부분 샘플제작까지 가능한 디자인과 제작기능이 결합된 패션부띠끄의 형성을 시도했다. 3년간 신포시장에서 다양한 활성화 프로그램을 진행한 신포국제시장 지원센터장의 이야기를 들어보자.

"2010년에 처음 신포시장에 왔을 때에는 사실 많이 놀랐습니다. 저는 인천 사람이 아닙니다. 그냥 신포시장이 인천에서 제일 유명한 시장이라는 소리만 들었죠. 그런데 공실율이 무척이나 높았습니다. 빈 상점들이 많았습니다. 시장은 많이 쇠퇴하고 있었습니다. 새로운 무언가가 필요했습니다. 그래서 외국인 관광객을 유치하기 위한 연계프로그램도 생각해 낸 거구요."

"동대문의 원단상인과 중국인 의류도매상과의 연계프로그램은 사실 획기적인 기획이었습니다. MOU까지 체결하고 실질적으로 사업이 진행될 수 있는 단계까지 진행됐고, 동대문에서의 반응도 좋았습니다. 그냥 원단도매상이 아닌 원단을 직접 생산하는 업체들이었습니다. 인천공항에서 서울로 가는 흐름을 인천으로 돌린다는 점에서도 의미 있는 작업이었습니다. 그런데 갑작스럽게 중구청장이 물러나고 새로운 중구청장이 들어오게 됐습니다. 이 기획은 매우 참신한 아이템이었는데, 연결성 있게 진행되지 못했습니다. 현재로선 매우 아쉬움이 큽니다."

올해에도 문화·관광형시장 만들기 사업은 계속 추진 중에 있다. 전통시장에서는 기본적으로 저녁찬 거리를 마련하기 위한 주부들이 주요 고객이다. 이러한 측면에서 전통시장은 관광객들을 수용하기 위한 준비가 아직은 덜 되어 있는 셈이다. 현재 신포국제시장을 찾는 외국인들이 가장 많이 소비하는 물품은 김과 과일이었으며 수저, 냄비 등을 많이 사가는 것으로 나타났다. 추후에 관광형시장으로 거듭나기 위해서 이들을 위한 점포구성에 대해서 고민하고 있었다.

> "저는 개인적으로 전통시장의 시설현대화사업에는 분명 한계가 있다고 생각합니다. 물론 기본적인 시설은 편리성을 갖추어야 하죠. 그러나 아케이드를 치고 주차장을 만든다고 해서 더 많은 매출이 올라간다고 하는 점에는 다소 회의적입니다. 그건 기존에 전통시장을 이용하는 손님들을 위한 것이구요. 새로운 이용객들을 창출하기 위해서는 지원센터에서는 시장과 문화의 결합을 모색하고 있습니다. 현재는 비어 있는 상점이 별로 없지만 공간을 활용할 수 있는 여지가 어느 정도 있습니다. 그리고 시장 사이에 손님들은 잘 모르시지만 아직도 쪽방이 더러 남아 있습니다. 아직 사람들이 살고 있는데, 만약 이주 문제가 해결된다면 이 공간을 활용하여 예술가들을 입주시켜서 문화공간으로 활용할 생각을 장기적으로 갖고 있습니다. 예술가들이 활동을 하면 이 효과가 시장을 활성화시키는데 긍정적인 역할을 할 것으로 기대하고 있습니다."

4) 정서진 중앙시장과 토지금고시장

서구의 중앙시장은 최근 정서진 중앙시장으로 명칭을 변경하였다. 정서진은 정동진을 본 따 인천 서구에서 장서마케팅으로 활용하는 용어인데, 중앙시장은 이를 시장 이름에 활용하였다. 서구 중앙시장은 1987년부터 시장이 들어섰으나 2005년에 등록하여 현재는 인정시장으로 등록되어 있다. 중앙시장은 다른 시장과의 차별성을 위하여 시장 내에 wifi망을 제공하고 있으며 배송서비스와 장보기 서비스를 시행하고 있다. 배송서비스는 2000년 시범사업자로 선정되어 현재까지 운영 중인데, 청라신도시까지 배달이 가능하다고 한다. 장보기 서비스는 시장에 직접 물건을 사러 오지 않고, 전화만으로 물건을 이용객의 집까지 배송해주는 서비스이다. 배송료나 운반료는 따로 받지 않는다고 한다.

　서구지역은 최근 가정동, 가좌동 등에 루원시티를 중심으로 재개발이 많이 시행된 지역인데, 재개발 때문에 시장의 주변을 떠난 주민들이 이 서비스를 많이 이용하고 있다고 상인들은 전한다. 서구 인근의 시장들도 배송서비스를 시행하고 있었는데, 가좌시장은 서구의 관할구역만을 배송하는 것과 달리 인천 전 지역에 배송이 가능하고 현재는 장보기 서비스도 준비 중에 있는 것으로 알렸다. 이에 반해 강남시장과 거북시장은 배송과 관련된 서비스를 하고 있지 않다.

　배송과 관련된 전통시장의 노력은 남구 용현5동에 있는 토지금고시장에서도 찾을 수 있었다. 토지금고시장 역시 배송센터를 3년째 운영하면서 소비자의 편의를 돕고 있었다. 정서진 중앙시장처럼 인천 전 지역으로 배송하지는 않지만 용현동을 중심으로 남구 일대, 중구와 송도를 중심으로 연수구까지는 배송이 가능하다. 배송은 소형 봉고차와 두 대의 오토바이를 통해서 이루어진다. 배송비는 10kg당 1,000원이다. 이러한 배송시스템은 남구청의 지원 사업에 의해서 진행되고 있다.

〈그림5-9〉 정시진 중앙시장 고객지원센터

〈그림5-10〉 토지금고에서 사용하는 배송차량

5) 현대시장

현대시장은 동구 송림동에 있다. 송림로터리에서 송현동 방면의 어귀에 시장이 있다. 시장에 관련된 자료들에는 동부시장과 현대시장이 따로 구분되어 있다. 그러나 동부시장과 현대시장은 거리상으로 차이가 없다. 두 시장이 붙어있기 때문이다. 외관상으로는 하나의 시장 같지만 사실 모두 독립적인 시장들이다. 동부시장, 동부상가, 궁현상가, 원예협동조합, 현대시장으로 나누어져 있다. 이들을 모두 합치면 점포의 수가 약 400개 정도 된다. 이는 인천에서도 가장 큰 규모라고 할 수 있다. 그만큼 번성했던 시장이다.

현대시장에서도 번성했던 시장 내부나 주변에서 찾을 수 있는 극장을 찾아볼 수 있었는데, 현대시장 길 건너편에 지금은 마트로 사용되고 있는 옛날 현대극장이 있다. 1971년에 설립된 현대시장은 과거에는 장사가 잘 되던 시장이었다. 송림로터리는 사람과 물자가 모이기에 적합한 위치였다. 동구의 인구가 20만에 육박하던 시절, 현대시장은 도·소매를 겸하며 시장을 확장해 나갔다고 한다. 과거에는 만수부두와 화수부두가 어업 기능의 수행이 가능해서 수산물을 공급받았고 옹진군의 백령도까지 물자를 공급하던 잘나가던 시장이었다.

번화하던 현대시장도 1990년대부터 삐걱거리기 시작했다. 동구의 오랜 골칫거리였던 송림로터리 지하보도 공사는 1990년대 내내 공사의 진행과 중단이 반복됐다. 공사가 지연되고 완공된 1993년 이후에도 지하보도는 송림시장으로의 접근성에 큰 지장을 주었다. 당시부터 영업을 해온 상인들은 송림로터리 지하도 공사 때문에 영업에 많은 지장을 받은 것은 사실이라고 전한다.

〈그림5-11〉 현대시장 입구

〈그림5-12〉 과거의 동부시장 자리

〈그림5-13〉 구. 현대극장

　　현재 원예협동조합이 있던 자리에는 원래 송림깡시장이 있었다. 송림 깡시장은 그 영향력이 김포까지 끼치던 큰 시장이었는데, 1997년 이후 도매시장의 구월동·삼산동 시대가 열리면서 송림동의 도매 기능이 이전 됐다. 1990년대 말 도매시장의 이전 이후에 현대시장은 계속적으로 쇠락 의 길을 걸어왔다. 현대시장 건너편에도 현대상가라는 이름의 골목시 장5)이 있었으나 현재는 시장의 기능을 수행하고 있지 않고 1층은 다수의 주점과 2층은 주거기능으로 사용되고 있다. 옆에 있는 현대극장의 경우 에도 1998년부터는 영업을 하지 않고 있다. 이들은 현대시장이 과거보다

---

5) 일부 인천시장과 관련된 문헌에는 현대시장 건너편에 있던 골목시장을 현대시장이나 송림깡시장으로 지칭하는 내용이 있으나, 필자가 파악한 바에 따르면 이는 사실과는 다소 거리가 있어 보인다. 시장 상인회에 따르면 현재 현대시장 정문, 구 현대극장 옆에 있는 시상가건물은 과거 시장의 기능을 수행한 적은 있으나 현대시장이 아니었고, 규모 가 크지 않아서 정확한 시장 이름도 없었다고 전한다. 또한 송림깡시장은 현재의 원예협 동조합 자리였다고 전한다.

쇠락한 흔적들이라고 할 수 있다.

2007년부터 쇠락해가는 시장을 정비하기 위한 움직임이 일기 시작했다. 동부시장과 현대시장 내의 여러 상가들과 원예협동조합을 통합하여 관리하기로 한 것이다. 동부시장의 경우 점포의 수가 50개 정도밖에 되지 않아서 이를 등록시장으로 통합하기 위해서 주변상가들과 통합하여 현대시장과 합치기로 한 것이다. 이후 1·2차로 나누어 약 20억 원의 사업비를 들여 아케이드 공사를 진행하였고, 2009년부터는 인근의 현대제철과 협약을 맺어 식자재를 공급하고 있다. 현대시장의 큰 불편사항이었던 주차장 문제 역시 공동 해결하기 위해서 현재는 약 50여대의 차량을 주차할 수 있는 시설을 마련하였고, 추가적으로 계속 주차장 확장을 모색 중에 있다. 2014년 9월에는 전통시장 활성화 프로그램을 벤치마킹하기 위해서 양평군에 있는 양평물맑은시장을 견학하기도 했다. 이를 토대로 상인대학을 운영하여 시장 상인들을 대상으로 다양한 교육을 제공하고 있다.

6) 부평깡시장

부평역 북쪽에는 네 개의 전통시장이 자리 잡고 있으며, 부평깡시장은 부평시장로터리를 기준으로 가장 북쪽에 위치하고 있다.[6] 부평깡시장은 지금까지 남아 있는 부평지역의 전통시장들 중에서 가장 오래된 시장이기도 하다.

---

6) 깡시장은 물건 값이 매우 싼 시장이라는 의미로, 인천에서는 전술했던 채미전 거리의 '인천깡'과 숭의철교 아래의 '숭의깡', 그리고 이 곳 부평깡시장이 유명하였다.

〈그림5-16〉 부평깡시장의 입구

〈그림5-17〉 최근 설립된 부평깡시장의 고객 쉼터

〈그림5-18〉 부평깡시장 협동조합의 나누우리 홈페이지

1950년에 원예농업조합 중개인 18명이 시장을 형성하면서 출발한 부평깡시장은 1990년대 까지만 하더라도 청과물 경매와 도매거래가 활발했던 까닭에 지금의 서구, 계양구는 물론이고 부천과 김포까지 넓은 배후지역을 기반으로 성장하였다. 그러나 지난 2001년 삼산동 농산물도매시장의 개장과 함께 지역 여건의 변화와 맞물려 쇠퇴의 흐름을 거스를 수 없었다. 지금은 과거 청과물을 중심으로 한 도매시장의 기능이 거의 사라지고 업종이 점차 다변화 되어 종합시장으로 변모하였다. 물론 지금도 매일 새벽 2시에 시작되는 도매시장의 기능도 지속되고 있다.

이러한 시장의 여건 변화에 대응하기 위해 부평깡시장은 일반적인 상인회의 설립에서 한 발 더 나아가 지역주민들과 밀착된 협동조합의 설립으로 자구책을 마련하고 있다. 125명의 상인들로 구성된 협동조합7)은 사회적 기업으로의 성장을 위한 과정으로서 시장의 활성화를 위한 더욱 구체적이고 활발한 활동을 펼치기 위한 기반이 되고 있다. 공용화장실이나 주차장, 고객쉼터와 같은 시설 현대화 사업은 물론이고 최근에는 공동배송센터와 인터넷 쇼핑몰을 설립하여 부평구 전 지역을 무료로 배송하는 유통망을 구축하였다. 또한, 독거노인의 식사 대접을 수시로 시행하고, 매주 둘째, 넷째 주 목요일 '희망나눔 모금'을 통해 부평깡시장의 상인들이 자발적으로 기부를 하고, 기부된 물품들은 곧장 부평4·5동 내의 아동센터나 복지시설 등에 전달된다.

이처럼 부평깡시장의 협동조합의 설립을 통한 사회적 환원을 위한 노력은 본래 지니고 있던 도매시장으로서의 기능과 함께 시장의 활성화를 위한 선순환의 구조를 공고히 하는데 커다란 밑거름이 되고 있다. 덕분에 매년 중앙 및 지방정부 차원의 전통시장 지원 사업에 선정되고 있으며, 현재는 물류센터지원 시장, 협동조합지원 사업 등에 선정되어 부평깡시장의 활성화 사업이 더욱 탄력을 받을 것으로 예상된다.

7) 옥련시장

연수구 옥련동에 위치한 옥련시장은 전통시장의 설립연도로는 다소 늦은 1996년에 설립됐다. 늦은 시기에 설립된 이유는 연수구의 개발시기가 비교적 최근이기 때문이다. 옥련동에 있는 현대2차 아파트와 원흥아

---

7) 협동조합은 경제적으로 약소한 처지에 있는 농민이나 중·소 상공업자, 일반 소비대중들이 상부상조의 정신으로 경제적 이익을 추구하기 위하여, 물자 등의 구매·생산·판매·소비 등의 일부 또는 전부를 협동으로 영위하는 조직단체이다. 협동조합은 사업의 목적이 영리에 있지 않고 경제적 약자 간의 상호부조에 있다는 측면에서 상법의 적용을 받는 주식회사와 구별되고, 또한 친목단체의 성격이 강한 향우회나 상인회 등과 같이 뜻이 맞는 사람 2인 이상이 모여서 결성된 단체와 달리 하나의 법인격체로서 대외적인 활동을 인정받게 된다.

파트 사이에 있는 이면도로에 시장이 만들어졌다. 현재 옥련시장은 매우 많은 유동인구를 보이며 활기차다. 상인들의 얼굴에도 생기가 있는 소위 말하는 잘되는 시장으로 보인다.

2005년 인정시장으로 등록된 이후에 아케이드를 설치하는 등 시설을 계속적으로 개선해왔다. 옥련시장의 활기를 단순히 주변지역의 아파트 단지로만으로 생각하기에는 다소 부족함이 있어 보인다. 옥련시장 입구에서 보면 알겠지만 시장 입구의 상가에는 매우 다양한 업종들이 분포한다. 이들은 경쟁관계가 아닌 시장의 인구유입요인으로 작용하고 있는 듯 보인다.

〈그림5-19〉 옥련시장 입구

〈그림5-20〉 옥련시장 내부

〈그림5-21〉 옥련시장과 원흥아파트 연결통로

이러한 점포의 구성은 후에 재개발을 앞두고 있는 전통시장의 미래모델이 될 수 있다고 개인적으로 생각한다. 대부분의 주택 재고가 아파트로 구성된 신도시나 재개발지구도 전통시장의 수요는 존재한다. 전통시장 내에 흡수할 수 있는 업종과 외부의 업종이 조화를 이룬다면 옥련시장과 같이 아파트단지 내에서도 활력 있는 시장을 만들 수 있다.

8) 신기시장·남부종합시장

남구 주안7동에 위치한 신기시장과 남부종합시장은 공간적으로 바로 연접해 있기 때문에 일반인들에게는 그냥 신기시장으로 불리지만 엄연히 다른 시장이다. 규모는 남부종합시장이 더 크지만 신기시장이라고 불리는 것은 신기시장이 남부시장보다 훨씬 앞선 1975년에 설립되었기 때문이다. 남부종합시장이 설립된 것은 12년 후인 1987년에 설립되었다. 인지도 측면에서도 신기4거리의 이름을 사용한 신기시장이 더욱 더 높았을 것으로 예상된다.

신기·남부시장은 주변에 단독주택지구는 물론 대단지의 아파트단지를 배후지로 보유하고 있어 손님도 많고 매우 활성화된 모습을 보이고 있다. 특히 신기시장의 경우에는 문화관광형시장으로 선정되어 다양한 프로그램을 시도하고 있었는데, 우선 다른 시장과 다른 점이 있다면 신용카드의 사용이 자유롭다는 것이다. 다른 시장에서는 찾아보기 힘들었던 각종 신용카드 표시가 신기시장 대부분의 점포에 붙어있다.

〈그림5-22〉 신기시장 내부

〈그림5-23〉 신용카드 사용이 자유로운 신기시장 내 점포

〈그림5-23〉에 있는 훈비네 김가게의 가운데 기둥을 보면 각종 신용카드의 마크가 붙어있다. 일반상점이나 음식점에서는 아주 흔한 모습이지만 전통시장에서는 아직까지 일반적인 모습은 아니다. 신기시장 상인들은 이점을 매우 자랑스러워했다. 신기시장 상인들은 손님들이 많아서 분주한 가운데에서도 웃는 표정을 잃지 않았다. 매우 밝은 모습이었고, 필자가 시장을 방문했을 당시도 매우 친절하게 응대해 주었다. 친절한 가운데서도 신기시장이라는 자부심이 묻어났다. 상인들의 말을 들어보자.

> "많은 시장들이 어려움이 있죠. 우리도 계속 잘 되기만 했던 건 아니에요. 그래도 결국 누가 도와주는 사람이 아니라, 우리가 노력을 해야 해요. 우리도 2000년 넘어서 처음에 잘 안됐어요. 2005년인가 인정시장이 되면서 여러 가지를 시도했지. 그래서 지금은 전 신기시장은 인천에서 전국구라고 봐요. 우리 시장은 카드고 안 되는 거 없어요. 외국 사람들도 많이 와요. 우리가 노력하면 되요."

SK텔레콤과의 협약으로 인해서 시장 내에서 와이파이의 사용이 가능하고, 결제는 물론 재고정리 등을 할 수 있는 전자시스템이 구비되어 있고 포인트의 적립까지 가능하다. 시장 내부에는 다른 시장보다 젊은 고객들이 많았는데, 이를 증명해주는 듯 하였다.

이외에도 하나은행과의 협약을 통해서 소비자들이 혜택을 받을 수 있고, 온누리상품권의 사용도 자유롭다. 신기통보라고 하는 신기시장에서 별도로 발권하고 있는 상품권의 사용도 가능하다. 신기시장의 점포에는 시장에서 취급하는 물건들에 대해서 영어로 된 표지판이 별도로 있었는데 이는 하루에 한 번씩 인천공항에서 오는 외국인 관광객을 위한 배려다. 신기시장은 인천공항공사와의 협약을 통해서 하루에 1번씩 외국인

관광객의 팸 투어를 진행하고 있다. 이들은 한국을 방문하는 관광객이
아닌, 인천공항에서 환승하는 승객들을 대상으로 3시간짜리 시장투어를
진행하고 있었다.

〈그림5-24〉는 신기시장의 다양한 활동을 보여주고 있다. 맨 왼쪽에
달려있는 것이 신기통보이다. 신기시장 상인연합회에 발행하는 상품권
으로 500원, 1000원 등 다양하게 사용할 수 있다. 신기시장연합회 사무
실에서 구입할 수 있다. 'Grain miller'라고 쓰여 있는 작은 표시판이 외
국인 관광객을 위한 안내판이다.

〈그림5-24〉 신기시장의 다양한 활동을 보여주는 표시들

◆ 제6장 ◆

인천 전통시장 활성화의 과제와 미래

1. 전통시장 활성화를 위한 제언

　본 연구를 통해서 우리는 현재 인천에 있는 전통시장이 직면해 있는 위기와 쇠퇴를 중심으로 시장의 모습을 살펴보았다. 시장의 활성화를 위해서 많은 정책들이 지금도 계속 추진 중에 있다. 이에 더해 인천의 시장의 활성화를 위해서 몇 가지 정책적 제안과 방안을 제시하고자 한다. 그 내용은 다음과 같다.

　첫째, 물리적 시설에 대한 지속적인 확충이다. 현재도 시설현대화사업들은 계속 진행 중에 있다. 그러나 동구, 남구, 부평구 일부에 있는 전통시장들은 과거의 시절이 박제되어 있는 듯한 느낌이 든다. 이는 과거에 대한 추억이나 향수의 차원이 아닌 안쓰러움과 안타까움이었다. 큰 사업비가 소요되는 사업 이외에도 시장 상인들이 필요한 환경들은 계속적으로 개선이 필요하다고 판단된다.

　시설현대화사업이 진행된 시장들을 방문하면서 한 가지 의문스러웠던 모습은 시장의 모습들이 대부분 비슷하다는 것이었다. 규모의 차이가 있을 뿐 아케이드가 설치된 시장들은 대부분 유사한 모습을 보이고 있다. 시장의 간판이 없다면 시장 내부만을 보고 시장을 구분하기는 아마도 쉽지 않을 것이다. 획일적인 모습을 하고 있는데 시장 교유의 특색을 찾는다는 것은 어쩌면 앞뒤가 맞지 않은 일일 수도 있다. 시설현대화사업은 상인들이 영업을 하고 고객들이 시장을 이용하는데 더 편의를 주는 기존 방향은 유지하되 시장의 외관에서 좀 더 다양성을 추구해야할 필요가 느껴졌다. 이를 위해서 전통시장 활성화 방안을 구상단계에서 건축가나 인테리어 디자이너 등을 참여시키는 방안이 고려되어야 할 것이다.

둘째, 시장 내에 비어있는 공간에 대한 활용도를 높여야 한다. 시장이 노후화되어 있는 시장들은 주거용도를 제외하면 방치되어 있는 점포들이 꽤 있는 것으로 알고 있다. 이를 그대로 방치하면 시장은 계속적으로 쇠퇴할 것이다. 점포로 활용하기가 용이하지 않다면 지역예술가들을 입주할 수 있게 하여 빈 점포를 활용해야한다.

지역의 문화활동가나 예술가 등에게 무상 혹은 저렴한 임대료를 통해서 이들이 활동할 수 있는 공간을 전통시장에서 제공한다면 시장에 다시금 활력을 불어넣을 수 있는 계기가 될 수 있을 것이다. 도시적 차원에서 도시재생이 큰 화두인 시대에 구도심에 있는 전통시장에 문화적 공간을 마련할 수 있다면 진정한 의미의 문화재생이 될 수 있을 것으로 기대한다. 가까운 예로 배다리는 그동안 배다리산업도로의 건설로 인해서 많은 주민들이 건설주체와 갈등을 겪어왔다. 현재는 공사가 거의 완공되었음에도 실제 도로가 운행되지는 않고 있는데, 많은 원인들이 있겠지만 배다리에 많은 예술가와 활동가의 움직임도 큰 역할을 했다. 지역에 문화적 토양이 마련된다면 물리적인 개발이 느리게 진행되더라도 해당지역은 발전할 수 있다는 교훈을 찾을 수 있을 것이다.

　　셋째, 전통시장 내에서 결제수단을 다각화해야 한다. 젊은 세대의 고객들은 전통시장을 잘 가지 않을 거라고 우리는 쉽게 예상할 수 있다. 실제로도 다수의 젊은 층들은 전통시장 이용에 많은 불편을 토로하는 경우가 많았는데, 그 중에는 신용카드를 사용할 수 없다는 이유도 상당 수 있을 것으로 예상된다. 신기시장의 경우에는 대부분의 점포에서 신용카드를 이용할 수 있었고, 심지어 마트와 같이 포인트를 적립 받을 수도 있었다.

　　그러나 아직까지 상당수의 전통시장들은 현금을 원하는 경우가 많다. 물건을 구매하는데 현금을 이용하는 횟수가 계속 줄어들고 있다. 현금을 대체하는 결제수단이 계속적으로 증가하고 있는 추세에서 전통시장도 이에 대한 발빠른 대체가 필요할 것이다.

　　넷째, 전통시장 간에 네트워크가 구축되어야 한다. 물론 현재 인천상인연합회라는 조직으로 전통시장은 연계되어 있다. 그러나 기본적으로 전통시장 간에는 특히나 거리상으로 인접한 시장들은 경쟁관계에 있다. 동종업종 간에 경쟁은 당연한 것으로 피할 수 없다. 그러나 협력을 위한 채널은 구성되어야한다.

　　시장에 네트워크가 구축될 때, 긴밀한 공조와 협력이 가능하다. 공동으로 집 배송을 하거나 공동으로 물류창고를 운영한다면 변화하는 유통환경에 대응하기 더 용이할 것이다. 이를 통해서 시장 상인들의 공동의견을 모이고 수렴하는데 있어서도 더 큰 기능을 발휘할 가능성 또한 높아진다.

다섯째, 전통시장의 전자상거래 활성화와 시장데이터의 구축이 필요하다. 우리가 일상적으로 사용하는 대형서점들인 교보문고나 영풍문고 등은 인터넷서점의 등장으로 인해서 한때, 고전하는 모습을 보이기도 했다. 그 와중에 중간규모의 오프라인 서점들은 문을 닫기도 했다. 현재의 대형서점들은 과거와 어떤 차이가 있는지 정확하게 알 수 없지만 시장에서 계속적으로 그 점유율을 유지하고 있다. 이는 온·오프라인을 동시에 운영하고 있기 때문이다.

전통시장도 변화하는 유통환경과 소배패턴에 말을 맞추기 위해서는 전자상거래시스템을 계속적으로 도입해야한다. 일부 시장들 중에서는 가정에서 인터넷을 통해서 주문이 가능하다. 대표적인 예가 서구에 있는 정서진 중앙시장이다. 그러나 이런 시스템은 아직은 요원하다. 개별시장이 노력한다고 되는 문제는 아니기 때문이다. 이를 위해서는 기본적으로 시장마다 인터넷 홈페이지를 구축하고 이를 바탕으로 주문이 가능한 시스템을 도입해야한다.

또한 전통시장에 관련된 자료의 구축이 절실히 필요하다고 할 수 있겠다. 현재 전통시장에 관한 시설 및 이용에 관한 자료는 소상공인시장진흥공단에서 전담하고 있다. 나머지 지자체에서는 시장의 면적, 설립연도 정도의 자료만 보유하고 있는 것으로 알고 있다. 시장에 관한 연구를 진행해 본 바, 시장의 실태를 파악할 수 있는 세부적인 자료가 매우 부족한 상황이다. 향후에 정책을 세우기 위해서는 시장이 변화하는 양상을 정확하게 파악해야한다. 이를 위해서는 전통시장에 대한 체계적이고 지속적인 데이터 구축 작업이 하루빨리 신설되어야 할 것이다.

2. 나오면서

본 연구는 2014년도 인천대학교 인천학연구소에서 주관한 저서과제의 일환으로 진행된 연구이다. 인천을 소재로 책을 만들어 보겠다는 의도로 진행된 이 연구는 인천에 있는 전통시장은 어떤 모습을 하고 있는가에 초점을 두어 연구를 진행하였다. 사실 우리 연구진은 전통시장에 대해서 큰 관심이 있었거나 지역에 대한 해박한 지식을 갖추지 못한 다소 불안정한 상태에서 집필을 시작했다.

근간에 대형할인점이 입주하면서 주변의 전통상인들이 시위를 하는 모습이 담긴 기사를 자주 접할 수 있었다. 우리는 기사를 보면서 경제민주화, 서민경제 같은 단어들을 머리에 떠올릴 수 있었다. 전통시장을 중심으로 인천의 곳곳을 답사하면서 아직 개발의 손길이 닿지 않은 채 쇠락해진 동네들을 볼 수 있었다. 특히 숭의동, 용현동, 주안동과 같이 인천의 오래된 동네들은 동춘동이나 송도동과 같은 신도시 지역에서 불고 있는 강한 개발의 열풍에서 다소 소외된 채 남아 있다. 그 와중에 동네는 늙어가기 시작했다. 실제로 사는 사람들이 늙었고, 집들도 나이를 먹었다. 대형마트들이 들어서면서 전통시장은 외면 받았다. 물론 새로운 활로를 개척하기 위해서 노력하는 시장들도 많았다. 이런 상황들을 모두 담기 위해서 이 글을 쓰기 시작했다.

본 연구의 출발점이라고 할 수 있는 연구의 가설은 '대형할인점의 등장으로 인해 전통시장이 쇠퇴했을 것이다'였다. 그러나 이 가설은 온전히 전통시장이 처해있는 현실을 설명해주지 못한다. 실제로 전통시장이 왜 쇠퇴했는가를 보기 위해서는 좀 더 지역적인 맥락에서 접근할 필요가 있었다.

 시장의 출발은 도시의 출발과 거의 일치한다. 시장이 존재해야 온전한 도시가 성립되기 때문이다. 1883년에 개항한 인천은 도시의 역사는 짧지만 근대화 이후에 급격한 변화를 겪어왔다. 인천에 일본사람들이 들어오고, 한 때 바다였던 지금의 중구 일대가 매립되면서 주거지역이 형성되기 시작했다. 사람들이 모여 사니 시장이 형성되는 일은 자연스러웠다. 개항장 부근에 시장이 들어서고 인천의 지역적 범위가 확장되면서 시장도 늘어나기 시작했다. 신포동을 가운데로 두고 인천역과 동인천역 일대가 인천의 중심지인 시절이 있었다. 그때는 동구에도 인구가 많던 시절이었다. 지금 동인천은 과거 영광의 흔적과 그 영광을 되찾기 위한 몸부림들이 뒤섞여 있다.

 그 와중에 시장은 낡은 채로 남아있다. 동인천역에 롯데마트의 입주를 시도했을 만큼 동인천은 기울어갔어도 우리의 양키시장과 중앙시장은 지금껏 남아있다. 단순한 시장 이상의 상징성을 갖고 있는 신포시장은 잠시 고전한 적도 있었지만 여전히 사람들이 분주히 오간다. 상권을 유지하기 위한 노력을 지속적으로 해왔기 때문이다. 그러나 동인천역 후면에 자리 잡았던 시장들은 그렇지 못했다. 인천이 명품도시를 건설하겠고 전국에서 가장 먼저 시작한 도시재생사업은 의욕적으로 시작했으나 2000년대 말에 들어오면서 기대만큼의 진전을 이루지 못했다.

 이는 재개발구역으로 지정됐지만 실제 재개발이 실행되지 않았기 때문이다. 제도적으로 개보수를 하기 힘들뿐만 아니라 새로운 시장을 만들어갈 동력을 찾지 못했다. 중앙시장, 양키시장의 상인들은 과거의 영광은 기억하고 있지만 현재의 상황을 답답해하는 모습이 역력했다. 재개발의 이야기가 나온 지가 어언 10년이 지났다. 재개발은 시에서 계획하지만 실제 공사는 민간업체에서 한다. 개발하겠다고 나서는 이들이 없으면

개발이 실제로 진행되기는 어렵다. 인천에는 수많은 재개발지구가 있다. 그 중에서 현재 활발하게 재개발이 진행되고 있는 곳은 드물다. 이렇게 재개발 대상지로 지정된 구역 내의 시장들은 더욱 쇠퇴한 양상을 드러낸다. 이제 시장의 활성화를 재개발 정책으로 해결할 수 있을 것인지는 한 번쯤 고민을 해봐야하는 시점이다.

2000년에 접어들면서 중구와 동구라고만 생각되던 인천의 구도심이 더 확장되어 이제 남구의 숭의동, 용현동, 도화동, 주안동까지 기성시가지역으로 간주되곤 한다. 주로 단독주택과 기존의 단독주택이 재건축된 빌라들이 중심이 된 이 동네들은 인천의 다른 지역에 비해서 인구증가의 폭도 크지 않고, 고령인구의 비율도 높게 나타난다. 이는 부평구에서 삼산동을 제외한 십정동, 청천동, 갈산동 같은 오래된 동네의 경우도 비슷하다. 이러한 지역들을 활성화시키기 위한 방안으로 사람들은 흔히들 대형마트의 유치를 떠올린다.

그러나 쇠퇴한 지역경제의 활성화를 위한 수단으로 대형마트의 유치 전략을 채택하는 것만이 능사가 아닌 듯하다. 마트가 입주해 유동인구가 증가한다고 해도 구도심의 상주인구 감소와 기존 전통시장의 문제가 해결되는 것은 아니기 때문이다. 오히려 쇠퇴한 지역에 마트를 입주시키면 기존에 있던 전통시장을 포함한 소매업들이 큰 타격을 입을 가능성이 높다. 그렇다고 대형할인점의 유치에 관해서 전적으로 반대하는 것은 아니며, 본 연구의 목적도 아니다. 대형할인점은 새롭게 개발되는 지구에 적합하다. 대규모의 아파트 주거단지와 자동차 중심의 이용객들이 주로 거주하는 지역이라면 오히려 대형마트가 더 그 지역에 적합할 수도 있다.

그런 점에서 숭의운동장에 입주한 홈플러스의 사례는 지역적인 관점에서 신중하지 못한 판단이었다고 생각된다. 숭의아레나 사업은 아시안 게임을 준비하기 위한 과정으로 알려져 있다. 결과적으로 현재는 홈플러스만 남아있게 되었다. 이용하는 시간보다 비어있는 시간이 더 많은 공간적 속성을 지닌 스포츠경기장을 장기적으로 운영하기 위해선, 주변의 쇠락한 숭의동과 도원동을 위해서는 어쩔 수 없는 선택이었다고 누군가는 말할지도 모르겠다. 현재는 중단된 동인천역사의 마트입점 문제를 고려할 때 반면교사로 삼아야 할 것이다. 반경에 많은 전통시장들이 있다면 마트 유치가 먼저가 아니고 이해당사자들 간의 협의가 먼저 진정성 있게 시도되어야 한다.

대형할인점이 들어온 지 정확히 20년이 되었다. 이제 대형할인점을 운영하는 기업들은 기업형 슈퍼마켓(SSM)과 같은 새로운 형태의 소매점포를 출자하여 대형할인점과 편의점 사이의 틈새시장을 파고들며 골목상권을 위협하고 있다. 시민들은 대형할인점의 편리함에 익숙해진지 오래되었으나, 전통시장은 물리적인 시설 측면에서 여전히 제자리에 머물고 있다. 특히 날씨의 영향을 많이 받고 물건을 사고파는 활동 외에는 편의시설이 거의 갖추어져있지 않다. 심지어 인천에 있는 전통시장들의 절반은 공중화장실 조차 마땅히 구비되어 있지 않다. 뿐만 아니라 결제를 할 때 신용카드를 사용하기가 어렵고, 아케이드가 없는 시장들은 낮에도 어둡다. 이래서는 주민들이 이용하기 어렵다. 시설 개선과 이용객의 편의를 위한 노력이 지속적으로 요구되는 대목이다.

방문한 시장 중에서 용남시장과 같이 상인회가 직접적으로 시장의 활성화를 위해서 노력하는 경우도 있지만 그보다 규모가 큰 시장들은 이야기가 달라진다. 규모가 커지면 구상해야할 프로그램도 전문적이고 기획력도 필요하기 때문이다. 신포시장이나 용현시장과 같이 큰 시장들은 상인회 이외의 사회적 기업들이 입주해서 시청이나 구청의 재정적 지원을 받으며 시장 활성화를 위한 다양한 프로그램들을 구상하고 있고 실천해 나가고 있다.

최근에 진행되고 있는 전통시장 활성화의 대표적인 사업은 문화관광형시장사업이다. 단순히 물건을 사는 시장이 아닌 오래 머물고 즐길 거리가 갖춰진 장소를 만들기 위한 구상이다. 이에 발맞춰 시장들은 교양강좌나 공연, 그리고 지역주민의 일상생활과 연계할 수 프로그램을 기획하고 있다. 시장에서 자체적으로 방송도 하고 게릴라콘서트도 열리고 있다. 이러한 사업들은 주로 지방정부의 재정적 지원에 의해서 실행되고 있으나 장기적인 관점에서 다루어야할 정책들도 분명 있을 것이다. 그러나 사업은 1년 단위로 예산이 집행되고 평가를 받는다.

의욕적으로 시장 만들기에 뛰어든 지역의 일꾼들이 시장 만들기에 앞서 자신들의 존속여부로 많은 고민을 하고 있다. 성과와 실적 때문이다. 성과와 실적은 1년 만에 뚝딱 나오지도 않을뿐더러 우리는 이러한 행정중심적인 정책이나 사업의 진행이 얼마나 한계를 보여 왔는지 알고 있다. 시장 만들기 사업은 생활 속 거버넌스의 좋은 예가 될 수 있음을 기억했으면 한다.

시장을 답사하면서 한 가지 새삼스럽게 발견한 사실이 하나 있다. 예전에 번성했던 시장에는 주변에 극장들이 있었다. 용현시장에는 한일극장, 송현시장에는 오성극장, 중앙극장에는 미림극장, 신포시장에는 애관극장, 현대시장에는 현대극장, 화수자유시장에는 인천극장이 있었다. 이 자리에서 전통시장과 극장의 입지와 얼마큼의 상관관계가 있느냐는 직접적으로 밝힐 수는 없을 것이다. 그러나 이와 관련해서 분명히 말할 수 있는 것은 과거 전통시장에는 많은 유동인구가 존재했고, 지역 경제에서 중심적인 역할을 수행했다는 것이다.

전통시장 내에 있거나 근처에 있는 극장들 중에서 현재 영업 중인 극장은 신포동의 애관극장 뿐이다. 어쩌면 이것이 현재 전통시장의 현재를 정확하게 말해주고 있는지도 모른다. 전통시장이 쇠퇴하는 동안에 우리는 대형할인점이 더 익숙해졌다. 대형할인점 주변에는 멀티플렉스 극장이 같이 있는 경우도 흔하다. 전통시장이 가지고 있던 유통과 엔터테인먼트의 기능이 대형할인점으로 이전해 간 것이다.

집필을 하는 동안에 전통시장을 연구한다고 하니 주변 사람들로부터 쇠퇴해서 재개발을 기다리고 있는 시장을 어떻게 살릴 수 있겠는가? 혹은 죽어가는 시장은 시장의 논리에 맡겨야 하는 것이 아닌가하는 질문과 연구와 관련된 조언들을 많이 들었다. 본고의 집필진은 전통시장의 쇠퇴에 대해서 안타까운 마음을 갖고 있는 것은 분명하나 죽어가는 전통시장을 살리고자 하는 마음에서 이 연구를 진행하지는 않았다. 대형할인점의 입주에 대해서 무조건 반대하는 입장도 아니다.

현재 재개발을 기다리고 있는 시장들은 영업이 거의 이루어지고 있지 않다. 부동산시장의 상황을 고려한다면 사실 당장 재개발이 쉽지 않아 보이는 것도 사실이다. 쇠락한 시장에서 남아 있는 상인들은 모두 70대 이상의 할머니들이 대부분이었다. 시장이 재개발된다고 해도 기존에 우리가 알고 있는 시민들이 기억하고 있는 시장과는 다를 것이다. 우리는 재개발을 하면 동네가 흔적도 없이 사라진다는 것을 잘 알고 있다. 개발이 처음에 진행될 당시까지만 해도 전에 여기에 뭐가 있었지, 어떤 병원이 있던 자리였지 할 수 있지만 기억의 기간은 길지 않다. 그만큼 개발의 힘은 강렬하기 때문이다. 더 시장이 없어지기 전에 시장의 이야기를 기록하고 하는 마음이 컸다. 그래서 연구를 시작한 것이다. 시내에 위치한 시장들도 많지만 대부분의 전통시장들은 대부분 단독주택이 많은 오래된 동네에 있다. 이 역시 연구의 시작에 같은 연속선상에 있다.

한 가지 주택연구와 차이점이 있다면 주택시장에서 단독주택과 아파트는 사실 경쟁관계에 있지 않다. 주택은 선택과 사용의 주기가 매우 길기 때문이다. 그러나 시장의 경우에는 다르다. 개발이 진행되면 경쟁관계에 놓이게 된다. 전통시장과 대형할인점은 경쟁만 하지 않는다. 분명 서로 공존할 수 있는 가능성이 있고, 독자적인 영역이 분명이 있다고 생각한다. 완전히 새로운 도시를 건설한 세종시에도 전통시장이 있다. 기존의 시장을 활용한 것이 아니다. 새롭게 만든 것이다. 분명 전통시장의 영역은 존재한다. 대형할인점들은 거대 유통자본에 의해서 운영되고 관리되지만 전통시장들은 이야기가 다소 다르다.

전통시장들은 개별 점포로 구성되기 때문에 협의체를 구성하기 용이하지 않고, 체계적인 경영전략이 구사되기 어렵다. 따라서 주변 여건의 변화에 적절하게 대비하기에는 무리가 있다. 그 와중에 구도심은 쇠퇴하기 시작했고 사람들의 소비패턴도 과거와는 달라졌다. 역설적이게 구도심을 재활성화하기 위한 방안으로 대형할인점이 입지하는 전략이 구상되고 부분적으로 실행되기도 했다. 인천은 앞으로도 재개발과 도시재생의 여지가 많은 도시이다. 한번쯤 그동안에 변화양상들을 돌이켜볼 필요가 분명히 있다고 생각한다.

연구의 마무리에 접어드니 아쉬운 마음이 더 크다. 연구의 중간에 다소 분석적인 내용이 포함되어 있다. 전통시장의 변해가는 모습을 실증적인 차원에서도 규명하고자 하는 욕심 때문이었다. 그러나 매출액에 관련된 자료를 확보하지 못해서 보다 명확한 분석은 하지 못했다. 자료수집과 관련하여 아쉬운 점은 시장의 실태를 어렴풋이나마 파악할 수 있는 체계적인 자료가 거의 없었다는 점이다. 체계적인 자료의 구축이 선행되지 못한 점은 아쉬움이면서도 연구자로서의 자책이기도 하다.

인천 전체는 아니지만 여러 시장을 답사하였다. 시장의 할머니들은 모두 밝았다. 멀리서 보면 거의 망한 것과 다름없는 재흥시장과 숭의자유시장의 생선가게 할머니와 양키시장의 옷가게 사장님, 수입물품 가게를 운영하시는 할머니들이 시장에 대해서 많은 이야기를 해주셨다. 어두컴컴한 시장 내부에서 홀로 점포를 지키셨던, 추운 날씨에 밖에서 생선을 손질하시면서도 살아온 이야기, 시장이야기를 담담하게 때론 재미있게 들려주셨다. '젊은 사람이 뭐 이런 거에 관심이 있구 그래' 하시면서 들려주시는 시장 이야기를 들으면서 그간 몰랐던 다른 책이나 인터넷에는 잘 나오지 않는 인천 공부를 할 수 있는 소중한 시간이었다.

또한 용남시장 상인회장님, 신포시장 지원센터의 센터장님, 용현시장 지원센터의 부소장님, 서구 중앙시장의 상인회장님, 현대시장상인회 회장님 역시 연구에 도움이 되는 말씀을 많이 해주셨다. 개별적인 전통시장의 시설에 관한 자료들은 현재 구축되어 있지 않고 개인 연구자들은 사실 접근할 수 없다. 본 연구를 위해서 소상공인시장진흥공단의 정책연구팀에서 자체 보고서를 제작하기 위해서 수집한 자료를 감사하게도 제공해주셨다. 그동안 연구경험상 개인 연구자들에게 별다른 절차 없이 자료를 제공해주는 경우는 사실 많지 않다. 다시 한 번 감사의 말씀을 전한다. 이렇게 연구에 도움을 주신 분들이 계셨기에 빈약한 분석 내용에 그래도 쓸 말이 있었다. 다시 한 번 감사드리며, 그들의 건강을 기원한다. 마지막으로 연구경험이 부족한 필진들에게 집필에 기회를 주신 인천대학교 인천학연구소와 이 과제에 지원하라고 격려해 주신 이화여자대학교 사회과교육과의 이영민 교수님께 감사의 마음을 전해드리고 싶다. 추운 날씨에도 사진촬영과 인터뷰를 도와준 건국대학교 지리학과의 정준영·김종진에게도 고맙다는 말을 전한다.

이번 연구를 마감하면서 전통시장 연구의 끝이 아니라 계속적으로 전통시장을 돌아볼 것이며 추후에 시장연구에 도움이 되길 바라며 또 다른 주제를 통해서 인천연구를 진행하고 싶은 마음이 간절하다.

참고문헌

1. 단행본 및 논문

경기개발연구원, 「대형 판매시설 입지 및 경쟁실태와 규제정책 연구」, 2002.

김남우, 「Huff의 확률모형과 다중회귀분석을 이용한 상권분석 비교연구 : 서울시 백화점을 대상으로」, 건국대학교 석사학위논문, 2002.

김번웅, 『부평 진흥종합시장의 활성화방안』, 인천발전연구원, 2012.

_____, 『만수 창대시장 활성화 방안』, 인천발전연구원, 2013.

김성훈, 『한국의 정기시장 : 5일 시장의 구조와 기능』, 한국농촌경제연구원, 2006.

김용욱, 「강원도 폐광지역의 재래시장 활성화 패러다임에 관한 연구 : 사북시장 사례를 중심으로」, 『유통경영학회지』 8(1), 2005, pp.27-51.

김진덕, 「청주시 상권변모와 재래시장 활성화 방안」, 『한국경제지리학회지』 3(1), 2000, pp.21-34.

김홍순, 「인천광역시 재래시장의 물리적·운영 특성에 관한 연구」, 『도시행정학보』 12, 1999, pp.31-58.

김휘준, 「대형마트 신설이 재래 상권과 소비자 환경에 미치는 연구」, 상명대학교 석사학위 논문, 2013.

노승혁·윤성욱·서근하, 「재래시장 상인의 불황극복과 경영혁신을 위한 성공요인에 관한 연구 : 부산·경남지역을 중심으로」, 『중소기업연구』, 28(4), 2006, pp.19-44.

문상범 외, 『인천의 길과 시장』, 인천광역시 역사자료관 역사문화연구실, 2006.

박성용·이상호·오태연, 「대형할인점 진입에 따른 재래시장에의 영향 및 재래시
　　장 활성화 방안에 관한 연구」, 『산학경영연구』14, 2001, pp.95-128.

박은숙, 『시장의 역사 : 교양으로 읽는 시장과 상인의 변천사』, 역사비평사, 2008.

변명식, 「재래시장 활성화 방안연구 : 수원시 팔달, 영동, 지동시장을 중심으로」,
　　『유통비지니스 리뷰』창간호, 2001, pp.41-58.

서울특별시, 「2000년대를 향한 서울시 도시기본계획」, 1990.

성정연·전선규, 「수유시장의 재래시장 활성화 전략 사례」, 『경영교육연구』12(3),
　　2009, pp.51-82.

성형석·한상린, 「재래시장의 서비스 품질이 거래관계의 질과 고객 재방문에 미치
　　는 영향에 관한 연구 : 이용경험 및 다양성 추구의 조정효과를 중심으로」,
　　『유통연구』12(1), 2007, pp.85-104.

소상공인시장진흥공단 특성화시장부, 「우리들의 행복한 시장 만들기 : 문화관광
　　형시장 보고서」, 소상공인진흥공단, 2014.

손정목, 『서울도시계획이야기』, 도서출판 한울아카데미, 2003.

시장경영진흥원, 「2013년도 전통시장·상점가 및 점포 경영실태조사」, 2013.

신창호·문경일, 「재래시장 활성화 방안 연구 : 준거틀과 유형화」, 『지역연구』
　　19(2), 2003, pp.97-118.

신태범, 『인천 한세기』, 도서출판 한송, 1996.

안치호·김시옥·김현중, 「대형마트와 SSM의 출점이 전통시장의 매출액에 미친
　　영향」, 『한국주거환경학회』11(2), 2013, pp.63-78.

옥선종·김웅진, 『유통학 개론』, 형설출판사, 2000.

윤현위, 「인천시 구도심 지역의 변화에 관한 연구 : 구도심 쇠퇴와 도시재생사업
　　을 중심으로」, 건국대학교 석사학위논문, 2008.

＿＿＿＿·이종용, 「숭의운동장 재생사업의 문제점과 발전방향 모색」, 『한국도시지
　　리학회지』12(2), 2008, pp.77-86.

이경택, 「서울의 도시경관 형성과 변화에 관한 동인 연구」, 고려대학교 박사학위
　　논문, 2012.

이권형, 『인천 전통시장의 현황 및 활성화 방안』, 인천발전연구원, 2011.

이문형, 「장소 만들기 관점에서 인천광역시 재래시장의 활성화 방향 연구」, 인하대학교 석사학위논문, 2011.

이민우, 「재래시장의 활성화 방안에 대한 연구 : 경영·마케팅 측면을 중심으로」, 『산업경제연구』 18(2), 2005, pp.701-718.

이상옥, 「한국 재래시장의 변천과 유통근대화에 관한 연구」, 『경혁사학』 10, 1995, pp.253-302.

이상준·이정수, 「지방중소도시 전통시장 유형분류 및 특성에 관한 연구 : 충청남도 전통시장을 중심으로」, 『대한건축학회논문집』 15(5), pp.21-28.

이재우, 「비거주 인구 및 역세권 유동인구에 의한 상권 점유 수요의 규모와 특징」, 한양대학교 석사학위 논문, 1998.

이종인·노성훈·신해식·정윤필, 「춘천 재래시장의 활성화 방안 연구 : 재래시장과 대형마트 이용고객의 실태조사를 중심으로」, 『식품유통연구』 26(3), pp.51-74.

이현영, 「한국정기시장의 변천과 공간구조」, 『세종대학교 논문집』 6, 1974, pp.267-285.

이희연. 『경제지리학』, 법문사, 2009.

_____·심재헌, 『GIS 지리정보학』, 법문사, 2011.

인천광역시, 『인천통계연보』, 2010.

인천광역시 경제수도추진본부, 『2014 주요업무계획』, 인천광역시, 2014.

인천발전연구원, 『인천광역시 재래시장의 경쟁력 강화를 위한 기본구상』, 1999.

인천시립박물관, 「인천 중앙시장(인천광역시립박물관 조사보고 제25집)」, 2014.

황진호, 『SSM이 지역상권에 미치는 영향 및 대응 방향』, 울산발전연구원, 2011.

허정옥, 「지방재래시장의 활성에 관한 사례분석」, 『마케팅관리연구』 9(2), 2005, pp.157-183.

홍인옥, 「재래시장의 문제점과 활성화 방안」, 『도시와 빈곤』 54, 2002, pp.63-84.

2. 홈페이지

롯데마트 홈페이지 company.lottemart.com

이마트 홈페이지 http://store.emart.com

인천경제자유구역 홈페이지 www.ifez.or.kr

인천광역시청 홈페이지 www.incheon.go.kr

인천일보 홈페이지, 2014. 11. 1. '소통과 화합으로 만든 요리 맛이 끝내줘요!'

소상공인시장진흥공단 홈페이지 www.semas.or.kr

시사인천 홈페이지, 2013. 5. 16. '동인천역사 쇼핑몰 리모델링, 피해액만 318억
    원'(www.bpnews.kr)

전통시장 통통 홈페이지 www.sijangtong.or.kr

중부일보 홈페이지, 2011. 9. 1. '숭의운동장 홈플러스 입점으로 갈등 최고조'.

중소기업청 홈페이지 www.smba.go.kr

한국민족문화대백과사전 encykorea.aks.ac.kr

홈플러스 홈페이지 http://corporate.homeplus.co.kr

부록

〈부록 1〉 인천의 전통시장 현황(1)

번호	행정구역	시장명	소재지	등록	개설연도
1	계양구	계산시장	계양구 계산동 906-422	등록	1982
2	계양구	병방시장	계양구 병방동 392	등록	1989
3	계양구	작전시장	계양구 작전동 862-1	등록	1985
4	남구	공단	남구 주안5동 15-43	무등록	1981
5	남구	도화종합	남구 도화2동 104-23	인정	1984
6	남구	석바위시장	남구 주안6동 952-1	등록	1979
7	남구	숭의평화시장	남구 숭의1동 124-38	등록	1971
8	남구	신기시장	남구 주안7동 1336-29	인정	1975
9	남구	용남시장	남구 용현1동 4-2	등록	1975
10	남구	용일시장	남구 용현1동 139-4	등록	1972
11	남구	용현시장	남구 용현2동 492-80	등록	1963
12	남구	인천남부종합	남구 주안동 1315-19	인정	1987
13	남구	재흥시장	남구 주안4동 1472	등록	1975
14	남구	제물포	남구 숭의4동 27-30	무등록	1971
15	남구	제일시장	남구 도화1동 437-3	등록	1969
16	남구	주안자유시장	남구 주안2동 549-1	등록	1970
17	남구	토지금고시장	남구 용현5동 617-55	인정	2001
18	남구	통일종합상가	남구 주안6동 1461-4	등록	1974
19	남구	학익종합	남구 학익2동 270-3	등록	1962
20	남동구	간석자유시장	남동구 간석3동 41-1	등록	1970
21	남동구	구월시장	남동구 구월동 1175-15	인정	1984
22	남동구	만수시장	남동구 만수동 868-8	등록	1985
23	남동구	모래내시장	남동구 구월동 1264	인정	1984
24	남동구	창대시장	남동구 만수동 1082-1	인정	1995

25	동구	동부시장	동구 송림6동 50-42	등록	1971
26	동구	송현시장	동구 송현동 88-19	인정	1960
27	동구	송현자유시장	동구 송현동 100-12	등록	1965
28	동구	중앙시장	동구 금곡동 1-2	등록	1972
29	동구	현대시장	동구 송림6동 50-42	등록	1960
30	동구	화수시장	동구 화수동 287-39	무등록	1970
31	부평구	갈산시장	부평구 갈산동 72-4	무등록	1992
32	부평구	청천시장	부평구 산곡동 55-7	무등록	1990
33	부평구	부개종합시장	부평구 부개동 496-15	인정	1999
34	부평구	부일종합시장	부평구 일신동 107	등록	1982
35	부평구	부평깡시장	부평구 부평4동 252-3	등록	2007
36	부평구	부평자유시장	부평구 부평동 210-2	등록	1980
37	부평구	부평종합	부평구 부평동 360-1	등록	2006
38	부평구	산곡시장	부평구 산곡동 87-1	무등록	1970
39	부평구	삼산시장	부평구 삼산동 74-8	무등록	1987
40	부평구	십정종합시장	부평구 십정동 321-6	등록	1979
41	부평구	진흥종합시장	부평구 부평동 252-52	등록	1979
42	부평구	부평 문화의 거리 상점가	부평구 부평동 201-43	인정	1980
43	부평구	일신시장	부평구 일신동 106-35	무등록	1980
44	서구	가좌시장	서구 가좌동 30-40	인정	1981
45	서구	강남시장	서구 석남동 454-19	인정	1985
46	서구	신거북시장	서구 석남동 575-1	인정	1970
47	서구	인천축산물시장	서구 가좌동 480-19	인정	1982
48	서구	정서진중앙시장	서구 가정동 506-22	인정	1989
49	연수구	옥련시장	연수구 옥련동 462-32	등록	1996
50	연수구	송도역전시장	연수구 옥련동 308-1	인정	1960
51	중구	인천종합어시장	중구 항동7가 27-69	등록	1981
52	중구	신포시장	중구 신포동 3	등록	1970
53	중구	신흥시장	중구 선화동 30-1	인정	1961

〈부록 2〉 인천의 전통시장 현황(2)

번호	행정 구역	시장명	주기	상품	면적 (㎡)	점포수 (개)	시장 크기	상인회
1	계양구	계산시장	등록	종합	6695	117	중형	있음
2	계양구	병방시장	등록	종합	6212	80	소형	있음
3	계양구	작전시장	등록	종합	5855	119	중형	있음
4	남구	공단	상설	종합	1,720	52	소형	없음
5	남구	도화종합	상설	종합	2,640	24	소형	없음
6	남구	석바위시장	상설	종합	5,595	253	중형	있음
7	남구	숭의평화시장	상설	종합	1,420	71	소형	있음
8	남구	신기시장	상설	종합	6,500	120	중형	있음
9	남구	용남시장	상설	종합	1,200	85	소형	있음
10	남구	용일시장	상설	종합	1,400	41	소형	없음
11	남구	용현시장	상설	종합	9,600	274	중형	있음
12	남구	인천남부종합	상설	종합	6,500	147	중형	있음
13	남구	재흥시장	상설	종합	1,039	21	소형	없음
14	남구	제물포	상설	종합	2,475	22	소형	없음
15	남구	제일시장	상설	종합	4,676	72	소형	없음
16	남구	주안자유시장	상설	종합	1,452	24	소형	없음
17	남구	토지금고시장	상설	종합	2,310	146	중형	있음
18	남구	통일종합상가	상설	종합	3,200	10	소형	없음
19	남구	학익종합	상설	종합	2,310	55	소형	있음
20	남동구	간석자유시장	상설	종합	1,321	139	중형	있음
21	남동구	구월시장	상설	종합	8,500	116	중형	있음
22	남동구	만수시장	상설	종합	3,593	84	소형	있음
23	남동구	모래내시장	상설	종합	9,647	213	중형	있음
24	남동구	창대시장	상설	종합	4,773	180	중형	있음
25	동구	동부시장	상설	종합	2,940	58	소형	있음
26	동구	송현시장	상설	종합	3,864	144	중형	있음
27	동구	송현자유시장	상설	종합	958	84	소형	있음
28	동구	중앙시장	상설	종합	3,212	98	소형	있음
29	동구	현대시장	상설	종합	10,026	204	중형	있음

번호	행정 구역	시장명	주기	상품	면적 (㎡)	점포수 (개)	시장 크기	상인회
30	동구	화수시장	상설	종합	1,349	23	소형	없음
31	부평구	갈산시장	상설	종합	2,350	46	소형	없음
32	부평구	청천종합시장	상설	종합	3,120	50	소형	없음
33	부평구	부개종합시장	상설	종합	1,068	55	소형	있음
34	부평구	부일종합시장	상설	종합	2,732	26	소형	있음
35	부평구	부평깡시장	상설	종합	10,232	230	중형	있음
36	부평구	부평자유시장	상설	종합	878	21	소형	있음
37	부평구	부평종합	상설	종합	7,047	54	소형	있음
38	부평구	산곡시장	상설	종합	2,310	46	소형	없음
39	부평구	삼산시장	상설	종합	2,970	53	소형	있음
40	부평구	십정종합시장	상설	종합	3,105	98	소형	있음
41	부평구	진흥종합시장	상설	종합	3,105	98	소형	있음
42	부평구	부평 문화의 거리 상점가	상설	종합	13,921	141	중형	있음
43	부평구	일신종합시장	상설	종합	4,125	150	소형	없음
44	서구	가좌시장	상설	종합	9,567	102	중형	있음
45	서구	강남시장	상설	종합	14,985	118	중형	있음
46	서구	신거북시장	상설	종합	7,126	53	소형	있음
47	서구	인천축산물시장	상설	종합	10,314	122	중형	있음
48	서구	정서진중앙시장	상설	전문	35,047	160	중형	있음
49	연수구	옥련시장	상설	종합	5,042	88	소형	있음
50	연수구	송도역전시장	상설	종합	3,394	84	소형	있음
51	중구	인천종합어시장	정기	종합	3,282	40	소형	없음
52	중구	신포시장	상설	전문	7,626	500	중대형	있음
53	중구	신흥시장	상설	종합	3,308	183	중형	있음
54	중구	신흥시장	상설	종합	2,000	66	소형	있음

〈부록 3〉 대형할인점 현황

번호	마트명	지점	주소	개점 연도	매장면적 (㎡)
1	이마트	검단점	서구 당하동 1065-1	2006	10,770
2	이마트	계양점	계양구 작전동 911-1	2002	10,484
3	이마트	동인천점	중구 신생동 38	2001	11,797
4	이마트	부평점	부평구 갈산동 171	1995	13,176
5	이마트	송림점	동구 송림동 296-2	2011	10,910
6	이마트	연수점	연수구 동춘동 926-9	2002	18,397
7	이마트	인천공항점	중구 운서동 2850-2	2005	3,707
8	이마트	인천점	남구 관교동 15	2002	5,520
9	홈플러스	계산점	계양구 계산4동 1061	2009	16,072
10	홈플러스	작전점	계양구 작전동 448-7	2001	17,392
11	홈플러스	인하점	남구 용현동 648	2008	15,198
12	홈플러스	인천 숭의점	남구 숭의동 180-6	2012	36,230
13	홈플러스	구월점	남동구 구월동 1130	2009	49,308
14	홈플러스	인천 논현점	남동구 논현동 650-1	2010	29,096
15	홈플러스	간석점	남동구 간석동 616-3	2001	29,302
16	홈플러스	가좌점	서구 가좌동 118	2002	3,934
17	홈플러스	인천 청라점	서구 경서동 956-20	2013	25,820
18	홈플러스	인천 연수점	연수구 동춘동 926	2012	30,040
19	롯데마트	검단점	서구 마전동 626-7	2009	10,965
20	롯데마트	계양점	계양구 계산동 1059-1	2012	19,659
21	롯데마트	부평점	부평구 산곡동 159-52	2006	13,990
22	롯데마트	부평역점	부평구 부평동 738-1	2000	8,089
23	롯데마트	삼산점	부평구 삼산동 465-1	2007	15,653
24	롯데마트	연수점	연수구 청학동 502-4	2000	14,249
25	롯데마트	영종도점	중구 운서동 2803-2	2006	8,622
26	롯데마트	항동점	중구 항동7가 76-2	2007	14,736
27	롯데마트	청라점	서구 경서동 958-1	2012	10,762
28	롯데마트	송도점	연수구 송도동 6-11	2013	10,738

〈부록 4〉 기업형 슈퍼마켓 현황

번호	마트명	지점	주소	개점연도
1	홈플러스 익스프레스	논현점	남동구 논현동 636-1	2009
2	홈플러스 익스프레스	당하점	서구 당하동 1095-5	2010
3	홈플러스 익스프레스	부개역점	부평구 부개동 210	2010
4	홈플러스 익스프레스	송현점	동구 송현동 66-26	2010
5	홈플러스 익스프레스	한화점	남동구 논현동 769-1	2010
6	홈플러스 익스프레스	주안점	남구 주안동 892-1	2008
7	홈플러스 익스프레스	청라점	서구 연희동 801-1	2011
8	홈플러스 익스프레스	송도점	연수구 송도동 23-3	2011
9	홈플러스 익스프레스	학익점	남구 학익동 663-1	2011
10	홈플러스 익스프레스	남촌점	남촌동 309-4	2011
11	홈플러스 익스프레스	주안2점	남구 주안동 1523-7	2011
12	홈플러스 익스프레스	논현2점	남동구 논현동 601-1	2011
13	홈플러스 익스프레스	마전점	서구 마전동 999-4	2011
14	홈플러스 익스프레스	청라2점	서구 연희동 775-8	2011
15	홈플러스 익스프레스	경서점	서구 경서동 728-4	2011
16	홈플러스 익스프레스	중앙점	서구 경서동 973-3	2011
17	홈플러스 익스프레스	고잔점	남동구 논현동 740-2	2012
18	홈플러스 익스프레스	한화2점	남동구 고잔동 975-1	2012
19	홈플러스 익스프레스	오류점	남동구 고잔동 975-1	2012
20	홈플러스 익스프레스	연수점	연수구 연수동 578-3	2012
21	홈플러스 익스프레스	논곡점	남동구 논현동 563-7	2012
22	홈플러스 익스프레스	귤현점	계양구 귤현동 495-1	2013
23	홈플러스 익스프레스	경서2점	서구 경서동 853-4	2013
24	이마트 에브리데이	검암지점	서구 검암동 610-4	2013
25	이마트 에브리데이	경서지점	서구 경서동 976-60	2013
26	이마트 에브리데이	귤현지점	계양구 귤현동 490-4	2014
27	이마트 에브리데이	동양지점	계양구 동양동 617-5	2013
28	이마트 에브리데이	마전지점	서구 마전동 1054-1	2014
29	이마트 에브리데이	불로지점	서구 불로동 778-1	2014

30	이마트 에브리데이	산곡지점	부평구 산곡동 99-15	2013
31	이마트 에브리데이	서창2지점	남동구 서창동 689	2014
32	이마트 에브리데이	서창동지점	남동구 서창동 563-1	2012
33	이마트 에브리데이	송도점	연수구 송도동 3-16	2010
34	이마트 에브리데이	심곡지점	서구 심곡동 248-7	2013
35	이마트 에브리데이	연수지점	연수구 청학동 451	2013
36	이마트 에브리데이	인천당하	서구 당하동 1029-10	2014
37	이마트 에브리데이	작전동	계양구 작전동 648-5	2013
38	이마트 에브리데이	청라지점	서구 경서동 970-1	2013
39	이마트 에브리데이	천청동지점	부평구 청천동 234-1	2012
40	이마트 에브리데이	호구포지점	남동구 논현동 636-4	2014
41	롯데슈퍼	간석점(폐)	남동구 간석동 205-1	2010
42	롯데슈퍼	경남점	부평구 산곡동 142-3	2004
43	롯데슈퍼	서창점	동구 서창동 547-6,7번지	2009
44	롯데슈퍼	송도2점	연수구 송도동 9-29	2012
45	롯데슈퍼	신현점	서구 신현동 134-25	2002
46	롯데슈퍼	연수1동점	연수구 연수동 568 1층	2011
47	롯데슈퍼	연수2동점	연수구 연수동 634	2010
48	롯데슈퍼	연수점	연수구 동춘동 932	2004
49	롯데슈퍼	연수 함박점	연수구 연수동 507-7	2014
50	롯데슈퍼	인천 경서점	서구 경서동 728-1	2011
51	롯데슈퍼	계양점	계양구 장기동 138-3	2011
52	롯데슈퍼	고잔점	남동구 논현동 743-2	2014
53	롯데슈퍼	논현점	남동구 논현동 109-176	2010
54	롯데슈퍼	동양점	계양구 동양동 578	2012
55	롯데슈퍼	문학점	남구 문학동 385-3	2012
56	롯데슈퍼	삼산점	부평구 삼산동 388-11	2011
57	롯데슈퍼	송도점	연수구 송도동 2-6	2011
58	롯데슈퍼	심곡점	서구 심곡동 280-3	2011
59	롯데슈퍼	청천점	부평구 청천동 7-1	2012
60	롯데슈퍼	인하대점	남구 용현동 92-17	2011

〈부록 5〉 전통시장 편의시설 보유현황

번호	시장명	공동화장실	아케이드	고객지원센터	유아놀이방	종합콜센터	고객휴게실	수유시설	자전거보관소	문화교실	카트유무	간이도서관	주차장
1	가좌시장	있음	있음	없음	없음	없음	없음	없음	있음	없음	없음	없음	있음
2	간석자유시장	있음	있음	없음	없음	없음	없음	없음	없음	없음	없음	없음	없음
3	갈산시장	없음	없음	없음	없음	없음	없음	없음	없음	없음	없음	없음	없음
4	강남시장	없음	없음	없음	없음	없음	없음	없음	없음	없음	없음	없음	있음
5	계산시장	있음	있음	없음	있음	없음	없음	없음	없음	없음	없음	없음	있음
6	공단시장	없음	없음	없음	없음	없음	없음	없음	없음	없음	없음	없음	없음
7	구월시장	있음	있음	없음	없음	없음	없음	없음	없음	없음	없음	없음	있음
8	남부종합시장	있음	있음	없음	없음	없음	없음	없음	없음	없음	없음	없음	있음
9	도화종합시장	있음	없음	없음	없음	없음	없음	없음	없음	없음	없음	없음	없음
10	동부시장	있음	있음	없음	없음	없음	없음	없음	없음	없음	없음	없음	있음
11	만수시장	있음	없음	없음	없음	없음	있음	없음	없음	없음	없음	없음	없음
12	만수청대시장	있음	있음	없음	없음	없음	없음	없음	없음	없음	없음	없음	있음
13	모래내시장	있음	있음	없음	없음	없음	없음	없음	없음	없음	없음	없음	있음
14	병방시장	있음	없음	없음	없음	없음	없음	없음	없음	없음	없음	없음	없음
15	부개종합시장	없음	있음	없음	없음	없음	없음	없음	없음	없음	없음	없음	없음
16	부일종합시장	있음	없음	없음	없음	없음	없음	없음	없음	없음	없음	없음	없음
17	부평깡시장	있음	없음	없음	없음	없음	없음	없음	있음	있음	없음	없음	있음

18	부평 문화의 거리 상점가	있음	없음	없음	없음	없음	없음	없음	없음	없음	없음	없음	없음
19	부평자유시장	있음	없음	없음	없음	없음	없음	없음	없음	없음	없음	없음	없음
20	부평종합시장	있음	없음	없음	없음	없음	없음	없음	없음	없음	없음	없음	없음
21	신부시장	없음	없음	없음	없음	없음	없음	없음	없음	없음	없음	없음	없음
22	삼산시장	없음	없음	없음	없음	없음	없음	없음	없음	없음	없음	없음	없음
23	석바위시장	없음	있음	없음	없음	없음	없음	없음	없음	없음	없음	없음	없음
24	송현시장	있음	없음	없음	없음	없음	없음	없음	없음	없음	없음	없음	없음
25	송림자유시장	있음	없음	없음	없음	없음	없음	없음	없음	없음	없음	없음	없음
26	송의평화시장	없음	없음	없음	없음	없음	없음	없음	없음	없음	없음	없음	없음
27	신거북시장	없음	없음	없음	없음	없음	없음	없음	없음	없음	없음	없음	없음
28	신기시장	있음	없음	없음	없음	없음	없음	없음	없음	없음	없음	없음	없음
29	신포시장	있음	없음	없음	없음	없음	없음	없음	없음	없음	없음	없음	없음
30	신흥시장	있음	없음	없음	없음	없음	없음	없음	없음	없음	없음	없음	없음
31	신정종합시장	없음	없음	없음	없음	없음	없음	없음	없음	없음	없음	없음	없음
32	송도역전시장	없음	없음	없음	없음	없음	없음	없음	없음	없음	없음	없음	없음
33	옥련시장	있음	없음	없음	없음	없음	없음	없음	없음	없음	없음	없음	없음
34	용남시장	있음	없음	없음	없음	없음	없음	없음	없음	없음	없음	없음	없음
35	용일시장	없음	없음	없음	없음	없음	없음	없음	없음	없음	없음	없음	없음
36	용현시장	있음	없음	없음	있음	없음	없음	없음	없음	없음	없음	있음	없음

37	인천종합어시장	있음	있음	있음	없음	없음	없음	없음	없음	있음	있음	있음
38	인천축산물시장	있음	없음	없음	없음	없음	없음	없음	없음	없음	없음	없음
39	일신종합시장	없음	없음	없음	없음	없음	없음	없음	없음	없음	없음	없음
40	작전시장	있음	있음	없음	없음	없음	없음	없음	없음	없음	없음	없음
41	제홍시장	없음	없음	없음	없음	없음	없음	없음	없음	없음	없음	없음
42	정서진중앙시장	없음	없음	없음	없음	없음	없음	없음	없음	없음	없음	있음
43	제물포시장	없음	없음	없음	없음	없음	없음	없음	없음	없음	없음	없음
44	제일시장	있음	없음	없음	없음	없음	없음	없음	없음	없음	없음	없음
45	주안자유시장	없음	있음	없음	없음	없음	없음	없음	없음	없음	없음	없음
46	중앙시장	있음	없음	없음	없음	없음	있음	없음	없음	없음	없음	없음
47	진흥종합시장	없음	있음	없음	없음	없음	없음	없음	없음	없음	없음	없음
48	청천종합시장	없음	없음	없음	없음	없음	없음	없음	없음	없음	없음	없음
49	토지금고시장	있음	있음	없음	없음	없음	없음	없음	없음	있음	있음	있음
50	통일종합시장	없음	없음	없음	없음	없음	없음	없음	없음	없음	없음	없음
51	학익시장	있음	있음	없음	없음	있음	없음	없음	없음	없음	없음	있음
52	현대시장	있음	있음	없음	없음	있음	없음	없음	없음	없음	없음	있음

저자 소개

윤현위

1979년 부천에서 태어났지만 어린 시절부터 학창시절과 군 생활까지 모두 인천에서 보냈다. 우연한 계기로 지리학을 접한 이후로 현재까지 지리학의 길을 걷고 있다. 도시의 성장, 불균형발전, 주택문제에 많은 관심을 갖고 있다. 2014년 박사학위 취득 후, 현재 대학 강사로 활동 중에 있다.

박은선

1985년 광주에서 태어났다. 순천여고 졸업 후 건국대학교 지리학과를 거쳐 현재는 건국대학교 대학원 박사과정을 수료한 상태이다. 다양한 통계기법과 GIS를 이용한 공간분석에 큰 관심을 두고 있다. 고령화와 복지 분야를 공간적 측면에서 연구하기 위해서 노력하고 있으며 새 학기부터 대학교 강의실에서 학생들을 만날 예정에 있다.

정원욱

1981년 울산 출생, 고등학교는 창원, 학부는 공주, 군 복무는 제주도, 대학원은 건국대학교에서 수학하였다. 현재 건국대학교 지리학과 박사과정에 진학하여 세 번째 공부를 준비 중에 있다. 도시 난개발을 주제로 석사학위 논문을 썼고 초고층고밀도 개발에 관심을 두고 있다.

양승희

1984년 성남에서 태어났다. 가천대학교와 동 대학원에서 도시설계를 전공하였고, 한국문화관광연구원과 서울연구원에서 다년 간 연구원으로 근무한 경험이 있다. 현재는 결혼 후에 육아에 기식에 신념하고 있으나 추후에는 학계로 돌아올 준비 중에 있다.

인천학연구총서 32

인천 전통시장의 성장과 쇠퇴

2015년 2월 13일 초판 1쇄 펴냄

기 획 인천대학교 인천학연구원
지은이 윤현위·박은선·정원욱·양승희
펴낸이 김흥국
펴낸곳 보고사

등록 1990년 12월 13일 제6-0429호
주소 서울특별시 성북구 보문동7가 11번지 2층
전화 922-5120~1(편집), 922-2246(영업)
팩스 922-6990
메일 kanapub3@naver.com
http://www.bogosabooks.co.kr

ISBN 979-11-5516-334-4 94300
     979-11-5516-336-8 (세트)
ⓒ 윤현위·박은선·정원욱·양승희, 2015

정가 14,000원

이 도서의 국립중앙도서관 출판예정도서목록(CIP)은 서지정보유통지원시스템 홈페이지
(http://seoji.nl.go.kr)와 국가자료공동목록시스템(http://www.nl.go.kr/kolisnet)에
서 이용하실 수 있습니다.(CIP제어번호 : CIP2015002686)